Valeria Mangani e Adolfo Panfili

OGM e clonazione: la bomba è nel piatto!

Valeria Mangani e Adolfo Panfili

OGM e clonazione: la bomba è nel piatto!

Secondo la Medicina Ortomolecolare qualunque cibo costituisce una prescrizione medica. Chi ha autorizzato le multinazionali a modificare le nostre abitudini alimentari e di conseguenza la nostra salute?

tecniche nuove

Redazione: tel. 02 7570254 - 02 7570257, fax 02 7570255, e-mail: libri@tecnet.it
Vendite: tel. 02 7570251 - 02 7570252, fax 02 7570373, e-mail:venditelibri@tecnet.it
http: / /www.tecnet.it

ISBN 88 481 1104 1

Stampa: Lalitotipo, Settimo Milanese (MI)
Finito di stampare nel mese di febbraio 2000
Printed in Italy

La favola della clonazione

"Esistono solo due o tre storie umane che continuano a ripetersi ferocemente come se non fossero mai accadute"
Willa Cather- *O'Pioneers*

Sulla base dell'aforisma di Cather, se esistono solo due o tre storie umane che continuano a ripetersi ferocemente, come se non fossero mai accadute, una di queste potrebbe cominciare il 22 febbraio 1997, allorché viene annunciata a tutto il mondo la nascita della pecora *Dolly.*
Purtroppo non si tratta di una favola di Fedro, cari lettori, ma molto più prosaicamente del primo mammifero nella storia ufficialmente clonato da un unico progenitore adulto, ad opera di uno scienziato di nome *Ian Wilmut,* presso l'Istituto Roslin di Edimburgo in Scozia.
Considerando che le cose vere somigliano a favole, tanto più che al nostro tempo le fiabe fanno l'impossibile per somigliare alla verità, non vi stupisca il fatto che la "pecorella" avesse ricevuto dal suo pigmalione un nome, *"Dolly"*, che riecheggiava i fasti di un avanspettacolo americano di qualche decennio passato.
Nonostante che negli ambienti scientifici si conoscesse da tempo l'esistenza di diversi programmi di ricerca nel campo della clonazione animale, un brivido gelido scosse letteralmente le schiene già robuste degli scienziati del globo allorché un articolo, apparso su *Nature,* citava come plausibile il passo successivo per l'utilizzo della clonazione anche sul pastore della giovane Dolly, ovvero: *"l'uomo"*
Tali oscuri presagi sono poi confluiti nella risoluzione del Presidente statunitense Clinton di interrompere immediatamente i finanziamenti pubblici e di richiedere una banale, quanto improbabile, autolimitazione dei finanziamenti privati finalizzati alla sperimentazione inerente la clonazione umana. Essendo tuttavia le multinazionali non propriamente da intendersi come enti morali senza scopo di lucro e ispirate da principi etici, in tale contesto come era logico supporre tali presidi furono facilmente smantellati, così come un'onda è in grado di disfare un castello

di sabbia sulla battigia.
Chiudere la stalla quando i buoi sono fuggiti non è mai stata una brillante tattica preventiva, per tutelare il bestiame, ma Clinton, da mandriano inesperto quale è, ingiunse comunque alla National Bioethics Advisory Commission di pronunciarsi sul da farsi, concedendosi una proroga inutile, quanto improbabile di novanta giorni.
A ruota, ma pur sempre troppo tardi, vennero poi i rapporti della Commissione *"cloning human beings"*, in Europa - Germania, Gran Bretagna ed Olanda - per bandire la clonazione umana.

"Nerone dopo aver appiccato il fuoco a Roma, pentito e costernato,
trascorsi tre mesi dall'incendio si decise a chiamare i pompieri...
Perché non si decise a telefonare prima?
Semplice! Non era ancora stato inventato il telefono!"

Gli autori

Indice

FUORI I MERCANTI DAL TEMPIO DELLA NOSTRA EPOCA...

"L'incantesimo liberatore di cui dispone la favola, non introduce la natura in forma mitica, ma accenna alla sua complicità con l'uomo liberato. Questa complicità l'uomo adulto sente solo a tratti. E cioè nella felicità; ma al bambino essa si offre direttamente nella favola e lo rende felice"

Angelus Novus di Walter Benjamin

Nel corso dell'Angelus di domenica 2 marzo 1999 in piazza San Pietro tuonò ancora una volta la flebile voce del Pontefice - a proposito di coloro che mercificano biecamente sulla salute umana, approfittando del paravento della religione e calpestando i diritti e la dignità della persona umana con abusi di ogni genere - esordisce esortando, consunto dagli affanni del Mondo, *"a scacciare i mercanti del tempio della nostra epoca"*.
L'undici marzo il Parlamento Europeo sembra ascoltare il volere del Pontefice e si pronuncia all'unanimità per la messa al bando su scala mondiale della clonazione umana.
Quanto a quella animale, il dibattito ha evidenziato anche "le applicazioni positive che essa potrebbe avere per la salute umana".
Assolutamente contrari anche alla clonazione animale i Verdi, che hanno protestato entrando in aula con una maschera bianca sul volto.
Più possibilisti il premio Nobel per la medicina Renato Dulbecco e il biologo molecolare Paolo Vezzoni del Cnr, che in un comunicato diffuso su Internet affermano: *"La ricerca sulla clonazione in campo animale può contribuire ad importanti progressi di conoscenza e va incentivata perché potrebbe avere importanti correlazioni per la salute umana"* e aggiungono *"sembra opportuno lasciare la porta aperta, stabilendo una moratoria che potrebbe essere revocata se la ricerca sulla clonazione animale ne dimostrasse la fattibilità e l'utilità per l'uomo"*.
Il 12 marzo, con 457 voti a favore, 6 contrari e 25 astensioni, il Parlamento Europeo approva a Strasburgo l'adozione di un bando mondiale della clonazione umana e si pronuncia per l'istituzione

di un comitato etico dell'Unione Europea.
Il 18 marzo 1997 L'Organizzazione Mondiale della Sanità (O.M.S.) emette una Dichiarazione sulla Clonazione (Rapp. N. 756 CR/97), in cui si legge tra l'altro: *"Il ricorso alla clonazione per riprodurre esseri umani non è accettabile sul piano etico, poiché violerebbe alcuni principi fondamentali della procreazione medicalmente assistita. Tra questi sono in particolare il rispetto della dignità della persona umana e la protezione della sicurezza del materiale genetico umano"*.
Il 24 marzo il Comitato Nazionale italiano per la Bioetica (C. N. B.) consegna al Ministro della sanità Rosy Bindi le sue raccomandazioni in tema di clonazione.
Qual è l'originalità di tale scoperta scientifica? Perché tanto rumore? Quali sono i rischi di tali tecnologie e quali i possibili benefici?
Può essere utile, in ogni caso, differenziare l'esperimento compiuto dai ricercatori scozzesi dalle metodiche che erano già ampiamente utilizzate nell'ambito della manipolazione del corredo genetico animale.

La sfida con Dio

"Un po' di lotta è necessaria.
Attraverso la bufera –
coi lampi, i tuoni, la tristezza –
ci arricchiamo, quanto attraverso la gioia e la felicità."
Osho

Ho sentito raccontare un'antica parabola; dev'essere molto antica, perché Dio a quei tempi viveva sulla terra...
Un giorno andò da Dio un uomo, un vecchio contadino, e gli disse: "Senti, sarai pure Dio, avrai anche creato il mondo, ma una cosa te la devo dire: non sei un agricoltore. Non conosci neppure l'ABC dell'agricoltura. Devi imparare qualcosa."
Dio chiese: "Che consiglio mi dai?"
Il contadino rispose: "Dammi un anno di tempo, e lascia che le

cose vadano come dico io, e vedrai cosa succede. Non ci sarà più miseria." Dio accondiscese, e concesse un anno al contadino. Naturalmente, questi volle solo il meglio - pensò solo a cosa fosse meglio, secondo lui - niente tuoni, niente venti selvaggi, nessun pericolo per il raccolto. Tutto era confortevole, tranquillo, e l'uomo era felice.

Il grano cresceva altissimo! Quando il contadino voleva il sole, c'era il sole; quando voleva la pioggia, c'era la pioggia...e nella quantità necessaria. Quell'anno tutto andava a meraviglia, matematicamente bene. Il grano cresceva sempre più alto...il contadino andava da Dio e diceva: "Guarda! Questa volta i raccolti basteranno per i prossimi dieci anni, anche se la gente non lavorerà, ci sarà cibo a sufficienza!" Ma all'epoca del raccolto, le spighe risultarono vuote. Il contadino era sorpreso. Chiese a Dio: "Che cosa è successo? Cosa non è andato per il giusto verso?"

E Dio disse: "Poiché non c'è stata alcuna sfida, non c'è stato conflitto, nessun attrito, poiché tu hai evitato tutto ciò che era cattivo, il grano è rimasto impotente. Un po' di lotta è necessaria. Ci vogliono temporali, tuoni, lampi: essi scuotono l'anima all'interno del grano."

Gli animali transgenici

Per animali transgenici si intendono quegli animali ottenuti attraverso una manipolazione del genoma, inserendo uno o più geni, appartenenti alla stessa specie o, più spesso, ad altre specie.

Nel primo caso solitamente si tende a migliorare una capacità dell'animale e il suo rendimento nell'ambito zootecnico.

Nel secondo caso si crea un animale in vista di usi terapeutici o sperimentali.

Uno scenario futuro nel quale il ruolo degli animali transgenici potrebbe essere decisivo è quello degli *xenotrapianti*: il trapianto di cellule e organi animali in pazienti umani.

L'evoluzione della pratica medica ha reso relativamente comune e semplice il trapianto di rene, cuore, fegato, tra esseri umani.

La scarsità delle donazioni di organi rappresenta il punto critico di una situazione nella quale solo una piccola parte delle doman-

de di trapianto può essere soddisfatta.
Lo xenotrapianto sino ad ora non ha avuto successo per la massiccia e fatale reazione di rigetto, che è molto maggiore di quella che avviene nei trapianti tra membri della stessa specie.
La metodica degli animali transgenici potrebbe superare questo ostacolo apparentemente insormontabile.
Nel 1992 furono ottenuti maiali transgenici mediante l'introduzione in embrioni di maiale di un gene umano che codifica per una proteina inibitrice del *complemento*.
I maiali, trattati in tale modo, portavano sulla parete interna dei vasi sanguigni proteine in grado di prevenire i danni arrecati dal *complemento*, che, attivato dalla reazione immunitaria del rigetto, avrebbe portato ad un'emorragia e alla distruzione dell'organo trapiantato.
In tal modo si creerebbe un organo in grado di resistere agli attacchi immunitari dell'ospite.
Il pancreas del maiale (le isole di Langherans), manipolato geneticamente per produrre insulina umana, e trattato geneticamente per resistere al processo del rigetto, potrebbe essere trapiantato nei soggetti affetti da diabete insulino-dipendente.
Un'altra linea di ricerca tenta di identificare nei maiali gli antigeni che sono il bersaglio degli anticorpi umani.
Allevando (o, meglio ancora, clonando) una linea di maiali privi di tale struttura antigenica si potrebbero ottenere organi immuni dal rigetto.
Gli animali transgenici, inoltre, possono essere utilizzati per la produzione dei farmaci o per altri motivi sperimentali.
Nel *bestiario* degli animali transgenici già brevettati nel mondo, è presente anche l'*oncotopo*, brevettato dall'Istituto di ricerche di biologia molecolare Angeletti di Pomezia.
L'oncotopo è un topo transgenico nel cui DNA è stato inserito un gene che, se stimolato dall'esterno con un ormone, sviluppa un tumore del fegato nel giro di trenta giorni.
Tale animale permetterebbe di studiare le prime fasi della crescita tumorale e i meccanismi attraverso i quali ormone, oncogene, proto-oncogene e tumore sono collegati.

La clonazione prima di Dolly

Con la clonazione non ci si limita a manipolare il patrimonio genetico di un individuo, inserendo o inattivando uno o più geni, ma si crea un altro individuo, uguale al precedente, attraverso una forma di riproduzione asessuata.

Già da tempo le cellule venivano clonate: il *clonaggio* cellulare permetteva, appunto, la creazione di un *clone*: una linea cellulare, potenzialmente infinita, attraverso la duplicazione di una singola cellula capostipite.

Negli animali, inoltre, erano da tempo usate sia la tecnica dell'*embryo-splitting*, sia quella *del trasferimento del nucleo*, delle quali riassumiamo gli aspetti fondamentali.

Embryo-splitting

La fissione gemellare o Embryo-splitting consiste nella divisione delle cellule embrionali, nelle prime fasi di sviluppo, in due o più embrioni, basandosi sul fatto che entro 14 giorni dalla fecondazione la cellula embrionale, anche se divisa in due, conserva la sua totipotenza. Le cellule divise, infatti, sono in grado di svilupparsi in modo indipendente l'una dall'altra in embrioni geneticamente identici.

Tale tecnica è stata applicata all'uomo nel 1993.

Il trasferimento di nucleo (nuclear-trasfer)

Si tratta di inserire il nucleo di un embrione allo stato iniziale, o nella fase della blastocisti, in una cellula uovo non fecondata o fecondata (embrione unicellulare) dopo aver inattivato o eliminato il nucleo esistente.

Attraverso tale tecnica era già stata clonata una pecora.

La *novità scozzese*

Qual è allora la novità della metodica scozzese? In primo luogo valutiamo nel dettaglio quanto ha fatto il Dott. Ian Wilmut:

Il procedimento adottato può essere suddiviso in 7 passaggi:

1) È estratta da una pecora A una cellula della mammella.

2) Posta in una soluzione priva di nutrimento, la cellula si *despecializza*.

3) Da una pecora B è estratto un ovocita.

4) L'ovocita è svuotato del nucleo ed il nucleo della cellula della

mammella viene inserito nell'ovulo denucleato.
5) Una debole scarica elettrica innesca la fusione cellulare e la nuova cellula si comporta come ogni embrione moltiplicandosi in vitro.
6) L'embrione viene inserito nell'utero di una pecora C.
7) Dalla gravidanza della pecora C nasce Dolly che è identica alla pecora A.
Dolly è il clone della pecora A: presenta, quindi, lo stesso patrimonio genetico.
Il Dott. Wilmut ha dichiarato che la fusione riuscita è avvenuta dopo una serie di 269 tentativi falliti.
Infatti, si deve considerare che gli ovuli nei quali è stato inserito un nucleo di cellula adulta sono stati 277 (385 per le cellule embrionali e 172 per quelle fetali); il numero di embrioni giunto allo stadio di blastocisti è stato di soli 29 e da questi si è avuta un'unica gravidanza, con esito positivo.
Ma la questione fondamentale è la seguente: fino alla nascita di Dolly si pensava che una cellula somatica già differenziata di un mammifero non fosse in grado di ritornare totipotente, cioè di essere in grado di sviluppare il proprio DNA come una cellula embrione.
Infatti i primi esperimenti di clonazione di vertebrati furono ottenuti con successo già negli anni Cinquanta su esemplari di Rana Pipiens e ottenuti nuovamente con successo negli anni Ottanta in Inghilterra, questa volta su Xenopus Laevis.
Tali esperimenti, che hanno segnato un passo importante, sono riportati su tutti i testi di biologia dello sviluppo e hanno sancito la capacità di riprogrammazione nucleare di una cellula, sebbene questa sia già avviata verso un destino embriologico (ed adulto) più o meno segnato.
L'eccezionalità di questo esperimento sta tutta qui: esso avrebbe dimostrato che una cellula adulta può conservare tutte le informazioni di base necessarie per fare un organismo, cosa che non si pensava possibile per i mammiferi.
Presumibilmente, tale possibilità è dovuta al fatto che le cellule sono state coltivate in vitro e private della loro fittissima rete di

informazioni: in assenza delle proteine che ne eseguono il programma, i geni si inattivano riportando il nucleo allo stato di non differenziazione, caratteristico della fase iniziale dello sviluppo embrionario.
Appare anche molto semplice la tecnica necessaria per despecializzare le cellule somatiche: è stato sufficiente *"affamarle"*, privare cioè di qualunque sostanza nutriente il materiale cellulare per riuscire a sdifferenziarlo.
La clonazione, quindi, produce un doppione genico del donatore della cellula con lo stesso genotipo, come si vede nei gemelli monozigoti.
Rispetto alle clonazioni ottenute precedentemente a partire da cellule embrionarie o fetali, come nell'embryo-splitting, viene creato un individuo in fase del tutto iniziale del quale non conosciamo, in partenza, le proprietà.
Trasferendo la clonazione all'uomo, il donatore e l'essere clonato sono come gemelli omozigoti con una differenza temporale più o meno ampia.
Possiamo avere la non contemporaneità: la morte del donatore prima della clonazione, o la contemporaneità di più "copie". L'essere clonato può incontrare per strada la sua vecchiaia e la sua infanzia.
Intanto il clone ha perso in partenza lo status di essere dotato di identità genetica unica ed irripetibile per avere un corredo genetico già definito e conoscibile.
I gemelli omozigoti "naturali", seppure dotati di un genoma identico, nascono insieme e affrontano la vita ex novo, manifestando gli aspetti esteriori, le proprie capacità e i diversi comportamenti nel corso della loro vita.
Un clone si trova di fronte a un percorso per molti versi già scritto. Chiunque fosse al corrente di un esperimento di clonazione e conoscesse l'individuo *originale*, sarebbe capace di una preveggenza esistenziale nei confronti del clone.

Implicazioni etiche

Le ricerche sulla clonazione animale mediante il trasferimento del nucleo possono recare molte informazioni utilizzabili nella bio-

tecnologia, nella medicina e nella ricerca scientifica di base.
Alcuni degli obiettivi immediatamente raggiungibili sono:

- generare gruppi di animali geneticamente identici per scopi sperimentali;
- propagare rapidamente ceppi di animali desiderabili;
- migliorare l'efficienza della riproduzione di ceppi viventi transgenici;
- produrre alterazioni genetiche stabilite ad animali domestici;
- migliorare la conoscenza di base attorno alla differenziazione cellulare.

L'attuale dibattito sull'*uso* degli animali si è acceso con il massiccio utilizzo delle biotecnologie.
I cambiamenti genetici sono considerati da alcuni un ulteriore passo verso lo svilimento degli animali a strumenti di produzione. Gli animali sarebbero utilizzati come semplici cose.
Negli ultimi venti anni si è assistito alla crescita di vasti movimenti di persone e organizzazioni favorevoli ad un cambiamento dello status morale degli animali, sia che ciò avvenga nel senso di una *liberazione* degli animali, sia nel senso di un riconoscimento di *diritti*.
Non è possibile in questa sede entrare nel merito della complessa questione dei *diritti* degli animali.
Si sottolinea comunque come l'attribuzione di diritti agli animali non sia l'unico modo di modificarne lo status morale.
Si può anche basare la tesi della modificazione sul fatto che gli animali hanno *interessi*.
Soltanto nell'ambito di una teoria morale basata sugli interessi è possibile percepire una nuova moralità nei rapporti con gli esseri non umani.
Una volta che venga riconosciuto che gli esseri non umani rientrano nella sfera dell'uguale considerazione degli interessi, è immediatamente chiaro che dobbiamo cessare di trattare le galline come macchine che trasformano il grano in uova, i topi come kit viventi per gli esami tossicologici, e le balene come riserve galleggianti di olio e grasso.
Anche tra coloro che riconoscono *interessi* negli animali, molti ritengono che questi interessi abbiano una rilevanza morale infe-

riore rispetto a quelli degli individui umani.
L'animale quindi avrebbe una debole soggettività e una dignità in quanto essere senziente: un individuo in grado di provare piacere e dolore.
Considerato, quindi, l'alto potenziale terapeutico che la sperimentazione di cloni animali possiede, non si possono sollevare obiezioni morali, in linea di principio, all'uso di cloni animali a fini sperimentali.
Nell'ambito della clonazione come sistema riproduttivo generalizzato allo scopo di ottenere la diffusione e la crescita di cloni selezionati di animali, si sottolinea la riduzione della variabilità genetica che è insita in questa scelta riproduttiva.
Avremo quindi razze senza una ricchezza genetica tale da garantirne l'evoluzione in presenza di ambienti sfavorevoli.
Inoltre non conosciamo ancora le alterazioni possibili di un DNA orientato in senso specialistico e disorientato verso la totipotenza primitiva.
Si ritiene, quindi, che la clonazione animale possa avere in prospettiva un ruolo accanto alle tecniche attualmente già in uso al fine di migliorare le prestazioni degli animali da allevamento.
Nell'ambito bioetico è possibile utilizzare per gli animali un quadro valutativo facendo riferimento agli stessi principi fondamentali della Bioetica (autonomia, benevolenza, non malevolenza e giustizia):
1 ***Rispetto per l'integrità degli animali***. Il principio indica l'esigenza di rispettare la "integrità" del singolo animale ed il suo comportamento specie specifico. La biotecnologia dovrebbe aspirare a mantenere intatta l'omeostasi (l'autoregolazione) animale.
2 ***Non-malevolenza***. Il principio indica l'esigenza di astenersi dall'arrecare danno agli animali o di cercare di minimizzare i danni arrecati.
Esiste una salda tradizione che obbliga moralmente lo sperimentatore a utilizzare le "*tre R*" della sperimentazione animale:
a. **r**impiazzare l'uso dell'animale quando possibile;
b. **r**idurre l'uso dell'animale quando possibile;
c. **r**affinare le tecniche della ricerca animale per diminuire, per

quanto possibile, il dolore e il disagio arrecati all'animale.
3 ***Benevolenza***. Coniugando questo principio positivo nell'ambito della manipolazione genetica, i progetti di ricerca sulla biotecnologia animale non dovrebbero soltanto mirare ad astenersi dalla malevolenza, ma cercare anche di perseguire la salute e il benessere dell'animale.
4 ***Proporzionalità***. Se arrechiamo danno a un animale, il fine giustifica i mezzi.
Soltanto un obiettivo scientifico importante inserito in un protocollo sperimentale ben strutturato può giustificare un livello, sia pur modesto, di sofferenza non alleviata.
La novità assoluta della manipolazione genetica e della clonazione animale impone l'aggiunta di almeno due principi, ai quattro principi considerati ne aggiungeremo due:
5 ***I possibili correttivi***. Se siamo incerti sulle conseguenze delle nostre azioni, dovremmo procedere con cautela, per poter correggere i loro effetti.
Se abbiamo il potere di distruggere tutto, abbiamo anche il dovere di conoscere le conseguenze delle nostre azioni. La mutata natura dell'agire tecnologico umano necessita di muoversi nelle nuove dimensioni della responsabilità.
Siamo responsabili non soltanto di ciò che conosciamo, ma anche di ciò che non conosciamo.
6 ***Possibilità di controllo***. In una società democratica e aperta, le azioni che investono importanti valori comuni devono essere discusse pubblicamente. L'accesso generalizzato alle informazioni e un efficace controllo democratico sono importanti pietre miliari delle democrazie moderne. A causa della sua scarsa trasparenza, la biotecnologia animale ha bisogno di strutture che possano contribuire a crearne l'accordo. Affinché questo accada è necessario che l'istituto di ricerca esegua una propria valutazione etica, integrando con il momento etico le normali strutture decisionali.

IL MONOPOLIO DEL DNA: LA CLONAZIONE UMANA

Così come esiste un monopolio industriale che di fatto regola la gestione delle risorse genetiche di origine agricola, non ci dovrebbe stupire più di tanto che tale egemonia si stia estendendo a macchia d'olio nelle trame della brevettazione del corredo genetico umano...

Naturalmente la nascita di Dolly è stata immediatamente interpretata come una *prova d'autore* per la futura nascita di un clone umano.

La clonazione dell'uomo era stata già da tempo immaginata come uno degli eventi possibili ed era stata presa in considerazione da biologi ed eticisti.

Nel 1972 il prof. Leon Kass pubblica una *"lista del bucato delle possibili applicazioni, che via via si allunga attendendo che la tecnica giunga a perfezione"*, e dice: *"1. Replicare individui di gran genio o di grande bellezza per migliorare la specie o rendere più piacevole la vita. 2. Replicare individui sani per evitare il rischio di malattie ereditarie, insito nella lotteria della ricombinazione sessuale. 3. Fornire grandi quantità di soggetti geneticamente identici per condurre studi scientifici sull'importanza relativa di natura innata e ambiente per i diversi aspetti delle prestazioni umane. 4. Procurare un figlio a una coppia sterile. 5. Procurare a qualcuno un figlio con un genotipo di propria scelta: di una celebrità che si ammira, di un caro estinto, del coniuge o di se stessi. 6. Determinare il sesso dei figli che verranno: il sesso di un clone è lo stesso della persona da cui proviene il nucleo cellulare trapiantato. 7. Produrre squadre di soggetti identici per assolvere compiti speciali in pace e in guerra (non escluso lo spionaggio). 8. Produrre copie di embrioni di ogni persona da tenere congelate qualora siano necessarie come riserve d'organi per trapianti sul gemello geneticamente uguale. 9. Per battere russi e cinesi, non ammettere lacune nel campo della clonazione."*

Hans Jonas riporta questa lista in un capitolo sulla clonazione umana del suo *Tecnica, medicina ed etica.*

Al di là delle previsioni di Kass, oggi, nell'ambito delle finalità terapeutiche della clonazione umana si punta soprattutto alla:

a. procreazione di embrioni non affetti da patologie di origine mitocondriale;

b. procreazione di embrioni con genoma indenne da patologie cromosomiche in presenza di genitori portatori entrambi dello stesso gene patologico;

c. procreazione di embrioni anche in casi di totale azoospermia;
d. produzione di embrioni geneticamente identici per la diagnosi pre-impiantatoria sull'embrione di prova.

Nell'affrontare i problemi etici legati alla clonazione umana, annotiamo come essa sia stata rigettata dalla gran parte delle prospettive filosofiche di riferimento.

La prospettiva religiosa

Possiamo individuare almeno quattro periodi nei quali teologi e religiosi hanno espresso la loro prospettiva di fronte all'incalzante progresso scientifico nell'ambito della biotecnologia e delle emergenti pratiche di fecondazione assistita.

In una prima fase, che si estende dagli anni Sessanta agli anni Settanta, la riflessione ruota attorno alla possibilità di una riproduzione alternativa mediante la fecondazione in vitro e il successivo trasferimento dell'embrione in utero (FIVET).

Successivamente, nel 1978, due eventi polarizzano l'attenzione: nasce Louise Brown, la prima bimba in provetta, e David Rorvik pubblica il suo *In his image*, nel quale afferma (falsamente) di avere personalmente conosciuto un miliardario americano che aveva ottenuto da uno scienziato compiacente di essere clonato per avere un figlio identico a sé.

Nel 1993 l'annuncio della possibilità di dividere l'embrione umano per creare embrioni multipli geneticamente identici apre un terzo spazio per il dibattito.

La quarta era è quella attuale, nella quale la clonazione umana da evento futuribile diviene un fatto scientifico possibile in tempi brevi.

Da questa breve esposizione storica si possono trarre alcune conclusioni.

Negli ultimi venticinque anni i teologi si sono ripetutamente affrontati in discussioni sulla procreazione e sulla clonazione umana, anticipando e illuminando spesso i punti nodali della riflessione.

Le posizioni teologiche ed ecclesiali sulla clonazione umana sono pluralistiche nelle loro premesse, nelle loro modalità argomentative e, secondo il Rapporto Americano sulla Clonazione Umana,

anche nelle loro conclusioni.
Mentre la Chiesa Cattolica, come vedremo analiticamente, si è espressa fermamente contro ogni clonazione umana, il mondo protestante si è diviso.
Alcuni membri, come Joseph Flectcher, vedendo il controllo sulla riproduzione umana come una espansione della libertà umana, ritengono la clonazione umana una possibile forma di riproduzione umana.
Altri, come Paul Ramsey, vedono la fecondazione assistita e la clonazione umana come una indebita ingerenza dell'uomo nel rapporto tra la coppia e Dio.
In Italia, nonostante una presenza religiosa pluralistica sempre più attiva, il dibattito è stato acceso e sostenuto dalla Chiesa Cattolica, che si è più volte espressa sugli argomenti suddetti.
La Pontificia Accademia per la Vita ha espresso in un documento, la necessità morale di fermare il progetto della clonazione umana.
Tale necessità si fonda sul fatto che la clonazione umana:
1. comporta la radicale manipolazione della costitutiva relazionalità e complementarietà che è all'origine della procreazione umana, sia nel suo aspetto biologico sia in quello propriamente personalistico;
2. rafforza la logica della produzione industriale e la strumentalizzazione radicale della donna;
3. introduce un dominio totale sull'esistenza altrui, al punto da programmarne l'identità biologica - selezionata in nome di criteri arbitrari o puramente strumentali;
4. limita la stessa dignità della persona clonata, che verrà al mondo in virtù del suo essere "copia" (anche se solo copia biologica) di un altro essere.
Anche nell'ambito di un uso esclusivamente sperimentale della clonazione umana sull'embrione la Pontificia Accademia per la Vita ritiene che la clonazione umana sia:
1. in ogni caso immorale per l'arbitraria finalizzazione del corpo umano (ormai decisamente pensato come una macchina composta da pezzi) a puro strumento di ricerca;

2. immorale perché, anche nel caso dell'essere clonato, siamo in presenza di un "uomo", sebbene allo stadio embrionale.
Nella prospettiva cattolica, la clonazione rappresenta l'ennesima offesa alla creaturalità e all'ordine della natura.
Il desiderio di chi richiede la clonazione e l'intervento tecnico si sostituirebbero, infatti, alla volontà del Creatore, ampliando gli effetti della ormai diffusa cultura contro Dio e contro l'uomo.

La prospettiva dei diritti dell'uomo

Nell'ambito della riflessione laica sui diritti e sulla dignità umana, l'Organizzazione Mondiale della Sanità (O.M.S.) ritiene che la clonazione umana non sia accettabile sul piano etico, perché violerebbe alcuni dei principi fondamentali della procreazione medicalmente assistita.
Questi principi includono in modo particolare il rispetto della dignità della persona umana e la protezione della sicurezza del materiale genetico umano.
Il Parlamento Europeo (PE) nella Risoluzione B4-209/97 esprime la sua ferma condanna ritenendo che: *"la clonazione di esseri umani non può essere assolutamente giustificata o tollerata dalla società in quanto essa rappresenta una grave violazione dei diritti umani fondamentali, ed è contraria al principio di parità tra gli esseri umani poiché permette una selezione eugenetica e razzista della specie umana, offende la dignità dell'essere umano e richiede una sperimentazione sull'uomo"*.
Anche per questi motivi il PE vieta nell'Unione Europea la clonazione di esseri umani, a qualunque scopo venga attuata.
Il PE, inoltre, considerando che si rende necessaria un'azione internazionale,
1. sottolinea che ogni individuo ha diritto alla sua specifica identità genetica e che la clonazione umana è e deve continuare ad essere vietata;
2. chiede un'esplicita messa al bando, a livello mondiale, della clonazione di esseri umani.
Infine, anche il C. N. B. (Comitato Nazionale italiano per la Bioetica) si muove sulle linee espresse dalle dichiarazioni sino ad ora presentate.

In particolare il C. N. B. afferma:
• la clonazione di individui umani non è condannabile eticamente per una pretesa violazione da parte della scienza e degli scienziati di limiti che la conoscenza umana non dovrebbe mai avere il permesso di valicare;
• la clonazione di individui umani è invece da condannare:
a) per le finalità per cui venga posta in essere, e cioè:
a') in quanto costituisce un attentato alla unicità biologica del soggetto umano, generato tramite clonazione;
a") in quanto lede il diritto di ciascun essere umano alla propria dignità, nella misura in cui può essere messo in crisi il diritto di autodeterminazione.
b) per le modalità con cui può manifestarsi, qualora queste modalità implichino manipolazione e/o commercializzazione del corpo umano o di sue parti, o commistione di geni di specie diverse al fine di generare chimere, e in particolare quando ciò avvenga a fine di lucro.
E, infine:
c) la clonazione appare condannabile per il rischio che tale pratica possa mettere in crisi gli equilibri fondati sulla diversità biologica, provocando nel medio e lungo periodo conseguenze non intenzionali, ma estremamente pericolose per le generazioni future.
Abbiamo visto che attualmente la clonazione umana è vietata e viene considerata eticamente inaccettabile, sia nella prospettiva religiosa prevalente, sia dal punto di vista etico laico.
La metodica della clonazione che ha creato Dolly, tuttavia, può aprire nuove strade nell'ambito della terapia di patologie che necessitano di trapianti tessutali o di organo.
La possibilità di coltivare cellule somatiche e di sdifferenziarle, sino a clonare tessuti specifici (es. tessuto muscolare e nervoso) per un eventuale trapianto omologo, rappresenta una strada percorribile e promettente.

IL COMPUTER MOLECOLARE A DNA

"La selezione naturale non produrrà mai in un qualsiasi essere vivente alcuna struttura, organo o funzione che sia più di danno che di benefi-

cio per tale creatura, poiché la selezione naturale agisce per consentire la sopravvivenza del più adatto, ovvero soltanto per il bene di ognuno".
C. *Darwin*, L'Origine della specie

Sarà l'uomo, o meglio il DNA dal quale discende, il vero protagonista del nuovo millennio, potete scommetterci cari lettori.
Pensate che nel 1996 il mondo della biologia molecolare ha stappato la fatidica bottiglia di Champagne annunciando la creazione del primo chip di DNA. Questi chip assomigliano molto ai chip dei computer, sono stipati d'informazioni, ovvero di DNA, e sono stati progettati per leggere l'imponente massa d'informazioni genetiche del genoma degli organismi viventi.
La cibernetica della vita è andata ben oltre le più rosee aspettative dei più efferati futurologi, e farebbe impallidire Giulio Verne.
Questi chip vengono costruiti usando la tecnica della fotolitografia, la medesima tecnica utilizzata per i microprocessori. Un microchip attualmente può contenere oltre 400.000 sonde, secondo David Stepp (*Gene Chip Breakthrough,* Future, 31 Marzo 1997, pag. 58-59).
Una società di Santa Clara in California denominata Affymetrix sta progettando e con successo chip per evidenziare anomalie genetiche in simbiosi con la OncorMed una società del Maryland specializzata nel monitoraggio genetico di tumori e malattie degenerative.
Un chip di DNA in particolare potrà riscontrare il cattivo funzionamento del *"GENE P 53"* cofattore accertato di oltre il 60% delle neoplasie umane. In un futuro non così lontano sarà ragionevolmente possibile eseguire un check-up del profilo genetico individuale, al fine di evidenziare l'attività di geni anomali, molto tempo prima che la malattia divenga eloquente dal punto di vista clinico, e talora inarrestabile, realizzando una vera e propria prevenzione attiva.
L'abilità del DNA di elaborare informazioni parallele supera abbondantemente quella del più sofisticato dei computer, consentendo di calcolare centinaia di milioni di miliardi di cose alla volta. Ciò era stato presagito, è dimostrato, ben quattro secoli fa

dall'insigne filosofo Giordano Bruno, che nel suo trattato *"De Umbris idearum"* forniva le basi della novella scienza della *Mnemotecnica*, che consentiva di usare a guisa di un computer il cervello umano esaltandone prestazioni e capacità allora inespresse. Ecco perché grazie alla creatività di studiosi del calibro di Leonard Adelman, matematico e professore d'informatica dell'Università della California del Sud, si è potuti giungere alla conclusione che il DNA immagazzina le informazioni con modalità analoghe ai computer e pertanto è possibile utilizzarlo per svolgere calcoli, tanto più che questo magico filamento della vita è essenzialmente digitale e pertanto in grado "di contare", come apparso nel 1994 sulla Rivista *Science* dove viene proposto il fedele resoconto della prima risoluzione di un quesito matematico da parte del DNA.
Il professor Richard Lipton dell'Università di Princeton afferma in proposito che un super computer di DNA potrebbe essere alloggiato in una "vasca da bagno" e potrebbe costare orientativamente meno di 200 milioni di lire e la sua velocità operativa sarebbe talmente elevata da rendere le nostre "bagnarole" da tavolo dei veri e propri cimeli di epoca giurassica. I super computer al DNA lavoreranno milioni di volte più velocemente dei super computer più avanzati dei nostri giorni. Insomma è già pronto il "computer molecolare" una vera e propria macchina pensante, costituita da filamenti elicoidali di DNA , piuttosto che di silicone...
Tale procedura elaborata da Lipton si basa sulla codificazione con traduzione delle paia di basi del DNA in stringhe di uno e di zero. Si procede poi al mescolamento dei contenuti delle provette riempite con molecole sequenziate geneticamente consentendo poi al DNA, simulando i canale elettronici, "di prendere decisioni", ovvero "di pensare" (Bass, Thomas, *Gene Genie*, "Wired" Agosto 1995, p. 164).
Confluiscono dunque biologia e cibernetica in quella che si prefigge essere la rivoluzione tecnologica capace di riedificare il mondo...

Ingegneria genetica ed alimenti biotech: ai posteri l'ardua sentenza

Le tre cause che determinano i cambiamenti dei valori del terreno organico individuale predisponendo all'insorgenza dei tumori secondo Morell sarebbero:

- cibi denaturati,
- fertilizzanti artificiali,
- eccesso di proteine nella dieta (30 gr/die).

Secondo Morrell e Reckeweg ogni malattia infiammatoria che non viene eliminata direttamente dall'organismo in maniera naturale, ovvero ogni qualvolta si ricorre a farmaci, antibiotici, sulfamidici, ecc. , per curare qualsiasi tipo d'infezione, ivi compresi focolai dentari, appendicolari, oppure provenienti da organi cavitari, ecc. , si modifica il terreno della salute, indirizzandolo verso gli stati cancerosi.

Cento anni fa i prodotti dell'agricoltura venivano coltivati in modo completamente biologico e la gente viveva in armonia e salute utilizzando cereali organici, ma vi fu un uomo chiamato Justus Von Liebig, che presso l'Università di Giessen, inventò i fertilizzanti artificiali.

Ora grazie a questo "brillante genio" l'intero mondo usa fertilizzanti artificiali e la salute della popolazione e degli animali sta ineluttabilmente depauperandosi, vedi in proposito Mucca Pazza, ecc.

Non soddisfatti dei danni provocati, ora le lobbie si sono industriate per peggiorare la situazione già di per sé così precaria.

La penuria d'acqua e non la carenza di terre sarà il principale limite futuro dell'agricoltura nei paesi in via di sviluppo. Non solo la pressione demografica, ma piuttosto la bramosia sfrenata dello sviluppo economico incidono sull'aumento della domanda d'acqua. In un paese a clima prevalentemente temperato come l'Italia, il 70-80% dell'acqua viene consumata per l'irrigazione dei campi, pertanto, secondo Giuliano Cannata, la sopravvivenza alimentare del pianeta potrebbe essere garantita tranquillamente da un'area di due milioni di chilometri quadrati, inferiore alla superficie di una nazione come l'Argentina. In una prospettiva del

genere anche il pressing dell'agricoltura sulle risorse idriche si ridurrebbe moltissimo.
Quanto poi possa incidere realmente la tanto temuta *siccità agricola* sulla *siccità alimentare* è facile dedurlo se si considera che negli ultimi anni si sta assistendo ad un'imbecillizzazione dell'agricoltura, incrementando esageratamente lo sviluppo di semi e tecniche agricole ad elevato consumo d'acqua che il nord del globo preferisce diffondere nel sud del mondo, o viceversa, come sta avvenendo con le colture della pianta del cioccolato (da parte di una multinazionale molto conosciuta) invece di rispettare la conservazione della *biodiversità.*
Ippocrate nel *Trattato delle Terre delle Acque e dei Luoghi* aveva già affrontato esaurientemente il problema più di duemila anni fa e noi continuiamo ancora oggi a sbatterci il naso...?!
Cosa possono raccontarvi sulla sconcertante constatazione che sono scomparse oltre cento specie di riso nell'oriente meridionale, per lasciare il posto a nuovi ibridi di questo cereale ad elevato rendimento, ma molto più avidi di acqua dei precedenti? Per irrigare un ettaro di queste nuove colture occorrono oltre 15.000 metri cubi d'acqua ed ovviamente molta più atrazina come diserbante. Per non parlare poi degli altri trucchi scorretti e sotterfugi genetico-industriali che sono richiesti per farlo germogliare.
Modificare la sfera ecologica di centinaia di milioni di persone che grazie alla biodiversità che caratterizzava le loro terre sono riuscite ad ottenere lo stimolo alla crescita ed all'evoluzione personale, prima, e a regalare la civiltà nel mondo poi, non sembra essere un atto equo ed umanitario.
Qualcuno si è forse preoccupato di chiedere a questa gente se era d'accordo con queste iniziative a sfondo borsistico-finanziario?
Pensate che un orientale vive con poco meno di un etto di riso al giorno, non vengano pertanto i mega industriali della pace e della fame nel mondo a raccontarci che questi sono aiuti umanitari, ma ammettano piuttosto il loro vero fine utilitaristico in proposito.
Lecito il quesito di quanto sia veramente il desiderio di aiutare le popolazioni bisognose o piuttosto la volontà di perseguire soltanto biechi interessi personali di pochi, cercando di trasformare

una risorsa vitale per l'uomo in un ennesimo prodotto da lanciare sul mercato tra un paio di jeans e una coca-cola.
Quando si parla di alimenti Biotech si sta usando un candido eufemismo per mascherare la vera natura dell'ennesima truffa che le *majors*, con il pretesto di risolvere il problema della fame nel mondo, stanno cercando di perpetrare a danno dei poveri ed ignari contribuenti.
Alimenti transgenici ed alimenti Biotech sono sinonimi.
No, non si tratta di un ulteriore degrado del costume sociale che vede costrette piccole ed anonime pianticelle a trasformarsi in giganteschi e conturbanti cactus belli di notte, ma dell'ennesimo attentato ecologico che il terzo millennio ci sta preparando.
È ben poco ciò che è possibile fare per porre rimedio all'ennesimo scempio, se non rifiutare tutti, solidalmente, l'acquisto di queste bombe ad orologeria che finiranno per scoppiare nell'intestino di chi le ha prodotte.
Tra gli alimenti Biotech, ovvero prodotti con l'ingegneria genetica, troneggiano le Solanacee (pomodori, patate, melanzane, ecc.). Ma la regina in assoluto è la soia. La soia è un po' come il prezzemolo, essendo presente, come ingrediente fondamentale, nel 60% dei prodotti alimentari. È possibile trovarla nelle creme pronte, nei biscotti, nelle polpette, senza che il consumatore ne sappia nulla. Quale peggior nemico di quello invisibile, cari lettori?
Del totale della soia Biotech prodotta dagli USA, circa la metà finisce in Europa. Chissà perché non se la mangiano loro questa porcheria, invece di propinarla a destra e manca?
Questo è un mistero tuttora insoluto.
Certo è che queste poche righe dovrebbero aiutarvi a porvi il quesito e, auspicabilmente, a rifiutare il prodotto per defraudarne il losco mercato.
Bisognerebbe fornire maggior solidarietà ad Associazioni come Green Peace che informano che circa l'80% dei brevetti dei nuovi vegetali transgenici sarebbero in mano alla statunitense Monsanto, che di *santo*, diciamocelo confidenzialmente, non sembra avere poi così tanto!

Nel caso del mais, tre sarebbero i geni *"estranei"* aggiunti artificialmente al genoma delle piante transgeniche. Il primo lo renderebbe resistente ad un insetto, la piralide, consentendo così di ridurre i costi di trattamento. Il secondo indurrebbe la pianta ad accettare e tollerare il doppio di un erbicida, il glufosinato di ammonio, agevolando sensibilmente le tecniche di diserbo. Il terzo, infine, conferirebbe al mais insensibilità all'ampicillina, un antibiotico ad ampio spettro di rinomato utilizzo. In questo caso il gene pirata verrebbe utilizzato come "marcatore" per verificare che il primo transgene sia saldamente integrato al genoma della pianta.
La perplessità suscitata da un trasferimento di geni tra il mais e i batteri della flora intestinale dei bovini, è analoga a quella che evoca l'accoppiamento tra un maiale ed un canarino. Potenza del kamasutra biologico degli scienzoburocrati del terzo millennio?
Che gli animali di allevamento dovessero vivere una sporca e misera vita, lo sapevate probabilmente tutti, ma che fossero letteralmente imbottiti di tonnellate di farmaci (tra i quali antibiotici, chemioterapici, steroidi, ecc. .) per farli sopravvivere a tutti i costi e non far decadere l'investimento dell'industria zootecnica, forse lo ignoravate (su *Medicina Ortomolecolare una terapia a misura d'uomo*, potrete trovare altri rammaricanti ragguagli, se questi sovraesposti non fossero sufficienti).
Consumando carni trattate farmacologicamente finirete pure voi per accumulare le tossine aborrite, venendosi a realizzare una sorta di intossicazione da fumo passivo, come quella che si verifica per coloro che pur detestando il fumo, sono costretti a convivere con colleghi maleducati che continuano a fumare infischiandosene se a voi il fumo disturba o meno.
Cosa fare se poi il bestiame divenisse resistente all'antibiotico Ampicillina, situazione già verificatasi in molti allevamenti di bovini nel mondo. Come verrà curato il bestiame, solo un superveterinario potrà immaginarlo, magari sfornando l'ennesimo farmaco antibiotico di turno che dalle carni animali finirà poi inevitabilmente nelle pance umane.
Vi siete mai chiesti che cosa succederebbe se il gene responsabile

della resistenza all'Ampicillina riuscisse ad aprirsi un varco fino al codice genetico di batteri animali o umani, integrandosi con il loro genoma? Che diabolico connubio ne scaturirebbe?
Certo è che, se il trasferimento dovesse avvenire, ci sono molte probabilità che il gene verrebbe degradato dalla flora intestinale dei ruminanti e a maggior ragione, da quella dell'uomo, il cui ambiente intestinale è più acido.
La resistenza antibiotica produce in men che non si dica il rischio di creare cloni aberranti di *Candida spp*, un tipo di parassita innocuo per il bovino, ma estremamente patogeno per l'uomo.
Non esiste prova che questo trasferimento sia impossibile, né che il transgene sia privo di pericoli per il bestiame, che potrebbe acquisire parassiti mutanti, pertanto non più rispondenti alle vecchie terapie, esigendo la sintesi di ulteriori molecole farmacologiche, innescando una sorta di spirale infinita, nei confronti della quale la Torre di Babele sembrerebbe un innocuo zampirone per zanzare.
Dulcis in fundo: colleghi anglosassoni nel corso di uno studio durato tre anni hanno esaminato dettagliatamente il flusso pollinico in una zona di 480 chilometri quadrati, in Scozia. Il dato allarmante raccolto dallo *Scottish Crop Research Institute* ha consentito di riscontrare pollini e semi in grado di germogliare provenienti da campi di colza (delle dimensioni di circa 3-10 ettari) a più di 25 chilometri di distanza.
I colleghi scienziati che avevano paventato un limite di circa 100 metri a tale diffusione hanno fanciullescamente dribblato le critiche con un laconico "tutti possiamo sbagliare"!
Risposte così disarmanti creano allarme giustificato poiché nessuno ha ancora dimostrato che questo "flusso genico" tra piante si limiti alle sole specie imparentate, né che sarà in grado di produrre l'instaurazione in natura di nuovi ibridi.
Modelli di simulazione matematica confermerebbero che, superato un certo livello di invasione da parte del transgene, l'ambiente naturale non sarebbe più in grado di resistere. Questa diffusione discontinua del transgene è, dunque, difficile da prevedere.

La velocità con la quale le piante transgeniche selvatiche potrebbero comparire è attualmente sconosciuta, come d'altronde la possibilità di trasferimenti a livello delle radici, tra piante manipolate, batteri, funghi e virus.
Attualmente, genetisti ed agronomi avrebbero identificato solo una parte dei meccanismi di scambio tra gli organismi.
Per non parlare poi dell'eventuale inquinamento causato dalle tossine liberate dalle piante transgeniche nei confronti degli insetti che solleciterebbero, con varietà manipolate più attraenti di quelle tradizionali, la sovrapproduzione, rinforzando così la supremazia di alcune varietà a spese della biodiversità delle piante utili.
Possibili allergie verrebbero scatenate da prodotti alimentari transgenici. Le proteine della soia, geneticamente manipolate con noce brasiliana determinano, in soggetti sensibili a questo tipo di frutto, reazioni allergiche (Giannì, 1996) che tramite l'uso preventivo dell'*Alitest@* (vedi Appendice) potrebbero essere evitate.
Inaffidabili su tutti i fronti i test diffusi dai produttori e sostanzialmente equivalenti, perché sarebbero stati eseguiti, con le stesse modalità che avevano sancito la regolarità dei mangimi che hanno scatenato il dramma di *"mucca pazza"*.
Inoltre, creando piante capaci di crescere comunque e dovunque, a tutte le latitudini, in un futuro prossimo, se non domani, le *major* occidentali avranno strumenti idonei per impostare un ricatto biologico per imporre le loro colture ai paesi in fase di sviluppo, a spese dei prodotti locali d'esportazione. Tale macchiavellica strategia porrà le basi per una dipendenza dei coltivatori dalle società di produzione delle sementi, potenzialmente in grado di accrescersi anche nei paesi sviluppati.
Ciliegina sulla torta transgenica, il fatto che la soia resistente all'erbicida glicofosfato, potrebbe inglobare nei suoi semi pericolosissimi residui dell'erbicida tossico.
L'invasione degli ecosistemi del mediterraneo da parte della soia non è forse l'ultima delle rappresaglie belliche che ci saremmo attesi?

FUTURO DA SUINI: XENOPTRAPIANTI, UN INCUBO RIUSCITO

Il pericolo di danni causati da prodotti ed organi geneticamente trasformati cresce in maniera logaritmica mano a mano che aumentano le altre scorie tossiche diffuse nell'ambiente.

Terrestre preoccupato ed anche un po' incazzato!

Non soddisfatti dagli esperimenti demenziali di sedicenti veterinari senza scrupoli, abbiamo tutti acconsentito che la *crisi della mucca pazza* prendesse forma, per poi aprire la porta a "*pollo pazzo*" ad Honk Kong, dove l'ennesimo ordigno alimentare è esploso nelle mani dei fabbricanti di morte.
L'ignavia di non voler sapere non scagiona certo dalle colpe attuali e future che ricadranno sui nipotini che verranno.
Siamo tutti quanti responsabili di questo scempio, tanto più che ciò che viene perpetrato contro animali indifesi danneggia anche l'uomo, è solo questione di tempo!
Dopo *mucca pazza, pollo pazzo da Hong Kong con amore,* il passo per *Uomo pazzo* sembra non essere lontano, attenzione!
L'Encefalopatia Spongiforme o Morbo di Creutzfeldt Jacob è una malattia degenerativa che infetta il Sistema Nervoso Centrale, e in particolare l'encefalo dell'uomo, non specie-specifica, ovvero essa è in grado di contaminare verticalmente pecore, bovini, felini e topi. È risaputo, inoltre, che l'agente etiopatogenetico responsabile di tale sindrome è sempre una proteina alterata del genere dei *prioni.*
L'incubo più frequente è che lo stesso scienziato prezzolato, che in laboratorio ha sabotato la vita di un essere indifeso, non esiterà a sperimentare sulle nostre cellule, clonando esseri umani decerebrati per rifornire d'organi le multinazionali dei trapianti.
Fantasia? Chi vivrà, purtroppo, vedrà! Esiste un rovescio per ogni medaglia e forse quella della clonazione è stata sottovalutata, un po' come successe nei non poi così meravigliosi anni Sessanta quando la Talidomide veniva commercializzata come farmaco privo di effetti collaterali…
Studi più accurati dovranno essere realizzati su queste nuove tec-

nologie innovative che potranno cambiare il futuro del mondo e dell'umanità. Certo non è opportuno demonizzare le case farmaceutiche che di vite ne hanno salvate, e molte, ma esse spesso tendono, mercè la loro valenza commerciale, a sottovalutare, come la storia del farmaco insegna, insidie occulte che lambiscono inevitabilmente i margini delle loro ricerche, come d'altronde avviene puntualmente in ogni settore scientifico e merceologico, ma specialmente in quello medico. Un giudice super partes, esercitando una sorta di *par condicio* scientifica, potrà calmierare facili entusiasmi e frettolosi profeti del benessere e invitarli ad un più lucido ed equilibrato giudizio?

D'altronde, ma chi ve l'ha detto di salutare il terzo millennio solo come età dell'oro. Si tratta di una previsione troppo ottimistica, non credete? Oltre all'oro c'è anche il vile metallo con il quale fare i conti poiché *"così è in alto come in basso"*... sosterrebbe l'alchemico Ermete.

Sfogliate le pagine dei periodici o dei quotidiani per rendervi conto dell'amara realtà, ma non dimenticate che se sono colpevoli coloro che mistificano la solenne alchimia della creazione, lo sono anche coloro che supinamente accettano tale situazione senza reagire. Solo perché certe nefandezze vengono perpetrate tra le quattro inospitali mura di un lager mascherato da Centro di Studi e Ricerche Sperimentali, ciò non vuol dire che questi crimini non accadano.

Nella sola Germania operano oltre 1300 laboratori genetici.

Gli scienziati che lavorano in questi laboratori, sembrano essere consapevoli del fatto che stanno intervenendo, senza essere stati interpellati dai cittadini, sul destino di molte persone, di interi popoli e dell'umanità in blocco.

In questo patologico stato di delirio megalomanico-espansionistico la loro magniloquenza li induce ad affermare che nei prossimi anni nel campo della medicina e della nutrizione mondiale si verificheranno mutamenti (o forse intendevano dire mutazioni, ndr) più determinanti di quelli avvenuti in tutta la storia del pianeta. Purtroppo, ciò che questi malati mentali stanno affermando è solennemente vero, ma ci si chiede se sono realmente consape-

voli della responsabilità che si trova letteralmente nelle loro mani. Chi guiderà oltre a Dio le loro mani?
Mandrie di suini vengono allevate con il fine di assecondare adeguatamente la crescente richiesta di organi da trapiantare. Non si tratta di un innocente *reframing* delle vecchie salcicce caserecce, ma di una vera e propria super razza di maiali transgenici, ovvero geneticamente trattati per renderli più compatibili con l'uomo. Se questa procedura servirà a salvare delle vite in maniera dignitosa, nel pieno rispetto dell'ecologia individuale ed umana in generale, allora che esse siano le benvenute, ma è lecito interrogarsi su quale sarà il prezzo da pagare a queste manipolazioni.
A tal proposito sarà opportuno rammentare che il liquido spermatico del suino incorpora, tramite il procedimento d'ingegneria genetica, una particolare proteina umana o una sequenza di aminoacidi ben specifica. Nel loro DNA si inserisce del materiale umano per far si che polmoni, cuore, reni, fegato, pancreas, ecc. assomiglino il più possibile a quelli umani, evitando fenomeni di rigetto che, come è noto, possono inficiare la prognosi di qualsiasi trapianto d'organo.
Così come del maiale del contadino non si butta mai via niente in cucina, anche per il *superporco* trattato c'è un vero e proprio arrembaggio a frattaglie e rognoncini, infatti, molti tessuti sarebbero preziosi e non solo dal punto di vista gastronomico. Le cellule peatiche saranno utilizzate per ottenere colture speciali per allestire un fegato artificiale di scorta, da utilizzare in caso di un'epatite fulminante, come organo transitorio, in attesa di un fegato vero di serie A. Già le cellule del pancreas sembrano splendide miniere di insulina per far sognare ai pazienti diabetici una vita più umana, ma molto più suina... Cuore per costruire valvole cardiache a prova di rigetto, mentre i tessuti cerebrali fetali o del porceddu sardo appena nato saranno utilizzati non con la mela e la carota in posizione strategica, bensì per curare il Morbo di Parkinson.
È sorprendente constatare quanto uomo e suino si assomiglino, pensate che le dimensioni degli organi interni di un maialino di pochi mesi sono perfettamente compatibili con quelle degli orga-

ni di un bimbo, mentre quelle dell'animale adulto sono sufficienti per il bipede umano.
Però, cari amici, c'è il fatidico rovescio della medaglia perché si dà il caso che la ciccia del povero maiale sia il luogo di residenza estivo preferito per molti tipi di virus umani, come il virus influenzale (isolato da Shope presso l'Istituto di Virologia di Londra nel polmone del maiale). Questo fatto non stupisce più di tanto se si considera che, in genere, quasi soltanto i consumatori di carne suina si ammalano d'influenza virale.
Seguire un regime ortomolecolare era già appannaggio della cultura ebraica, e nella Qabbalah[1] è possibile riscontrare tutta una serie di precetti religiosi interpretabili come preziose raccomandazioni dietologiche volte a tutelare dal punto di vista igienico-sanitario un popolo nomade del deserto che, se avesse consumato carni suine in tale ambiente a clima caldo torrido, sarebbe stato distrutto da infezioni ed epidemie virali in un batter d'occhio.
Nella *Hit-Parade* mondiale di tutti i tempi di epidemie, assenteismo dal lavoro, decessi, ecc., la reginetta inattaccabile dal punto di vista della morbilità è sempre: la *Sindrome Influenzale*. Si tratta di una malattia del sistema respiratorio causata dai cosiddetti *orthomixovirus* (si chiamano proprio così e non li abbiamo inventati noi della Medicina Ortomolecolare, nda).
Questi virus vengono classificati in 3 gruppi A, B e C e sono tutt'altro che teneri, sono invece particolarmente subdoli e camaleontici, tanto da mutare aspetto con estrema facilità di anno in anno, scatenando gigantesche pandemie (epidemie mondiali) che coinvolgono, provocando innumerevoli decessi, gli organismi più debilitati: anziani, bambini, ecc.
Allora quale miglior prevenzione di questo incontrollabile flagello se non astenersi da queste tossiche derrate? Per ottenere i migliori risultati bisognerebbe estendere il divieto anche a salame, prosciutto, lardo, ecc.
Il machiavellico virus si rintana talora per mesi ed anni nei meandri della cellula rimanendo in comodo *relax simbiotico,* come

[1] Qabbalah: complesso delle dottrine esoteriche e mistiche dell'ebraismo.

fanno i parenti scrocconi che vi si piazzano a casa solo per le feste di Natale e che a Carnevale imperturbabili stanno ancora impavidamente piantati lì da voi ospiti, *full credit*, con la rocambolesca scusa di aiutarvi a smontare il presepio a 5 elementi (Gesù, Giuseppe, Madonna, bue ed asinello, nda)…

Non odiateci cari lettori, ma anche un panino col salame o la salciccia ingerito con l'inestinguibile virus anni prima potrebbe scatenarvi una bella influenza oggi!

Nemesi cosmica del povero suino cugino?

Forse!

Tra le altre sutossine (porcherie, nda) che potreste trovare nell'inesplorato universo maiale non dimenticate i seguenti graditi ospiti:

- *Ormone della crescita (GH)*, principale responsabile dell'informe adiposità dei consumatori di carni suine, secondo Reckeweg. Ottimo fattore precancerogeno, specialmente se condito da qualche sigaretta che nella combustione è in grado di liberare *3-4 benzopirene, 8-9 dimetilbenzantracene*, ecc., o dalla carne affumicata stessa.

Questo ormone ci viene riproposto continuamente e in tutte le salse anche dal consumo di carne bovina, da molti allevatori addizionata farmacologicamente con *IGF (Insuline-Like Growth Factor 1)*, cosa che, secondo Cohen, è da collegarsi all'aumentato rischio di tumore alla mammella e gastro-intestinale.

Se soffrite di *ulcera crurale*, quelle fastidiose lesioni circolari del terzo medio inferiore della gamba, che stentano a rimarginare e che, con un minimo trauma, tendono a lacerarsi nuovamente, provate, se già ne consumate, ad astenervi dall'uso della carne suina ed osserverete delle piacevoli sorprese in termini di tempi di guarigione che risulteranno nettamente accelerati. Ciò è spiegabile dal fatto che l'ulcera rappresenterebbe una vera e propria valvola di sfogo per le *sutossine.*

- *Colesterolo ed acidi grassi,* presenti in quantità ciclopiche anche nelle zone cosiddette magre del tanto biasimato suino.

A conferma di ciò se provate a friggere un taglio di carne *"magra"* vi accorgerete della notevole quantità di grasso che ne fuoriesce ugualmente. Il colesterolo anche se è stato in parte depenalizzato dal punto di vista nosologico per ciò che concerne il suo ruolo nell'insorgenza della cosiddetta *malattia coronarica,* è comunque sempre uno dei principali indiziati nel processo patologico dell'insorgenza dell'*arteriosclerosi,* dell'*ictus,* dell'*infarto,* dell'*ipertensione.*

Come al solito anche qui dovete provare per credere, anche se ciò potrebbe non giovare all'industria zootecnica e ai produttori di vaccini antinfluenzali.

- *Zolfo,* presente in quantità abnormi nel tessuto connettivo (di sostegno, nda) della carne suina. Le grandi quantità di zolfo immesse nell'organismo con la carne suina vengono depositate nel connettivo che diventa più molle e mucillaginoso, e più facilmente soggetto a lesioni, specialmente a livello delle cartilagini, predisponendo all'insorgenza di patologie degenerative artrosiche.

Dalla filippica precedente, sorge spontaneo il lapalissiano quesito sulla liceità del consumo di carne di maiale, visto e considerato che è capace d'indurre un così massiccio accumulo di varie sostanze nocive ed infiammatorie, così difficili da metabolizzare e in parte depositate nel tessuto connettivo adiposo.

Quanto poi all'utilizzo di organi per *xenotrapianti* (da una specie animale all'altra, nda) esso, pur entusiasmando molti focosi e pur validi ricercatori, spinti dalla pur lodevole intenzione di salvare vite umane, rappresenta un azzardo estremamente pericoloso alla luce di queste semplici e lineari considerazioni di anatomo-fisiologia comparata sul futuro dell'umanità intera.

93% UOMO, 7% MAIALE?

Perché non eliminare un difetto genetico grave?

Eticamente è giusto pensare di concepire degli esseri umani perfetti?

È plausibile riparare dei difetti genetici ereditabili e migliorare la specie?

È giusto per migliorare le caratteristiche di una specie come quella umana, defraudarne una filogeneticamente simile alla nostra,

meno evoluta, ma più debole ed indifesa come quella dei suini per trasformarla in animali serbatoio di organi da espianto?
Oggi accettiamo l'idea di espiantare organi da un maialino, così come non ci stupisce l'idea di una bella scorpacciata di prosciutto di San Daniele, ma chi ci assicura che fra qualche anno non si giungerà ad espiantare organi da un nostro gemello, per così dire "di scorta", clonato in parallelo alla nostra nascita, ma privato delle capacità corticali (tanto per non farlo soffrire, nda) per l'emergenza.
Dove finisce la sottile linea divisoria fra il lecito e ciò che non lo è affatto?
Chi può sancire la liceità di un comportamento, ovvero chi è il garante della Vita?
Gli xenotrapianti (trapianto d'organo dall'animale all'uomo, nda) sono ormai un presidio chirurgico potenzialmente esecutivo, come si può evincere dal recente studio di mercato pubblicato dalla multinazionale svizzera Sandoz.
Laign P. (Salomon Brothers) descrive le possibili conseguenze che potrebbero scaturire dall'utilizzo degli xenotrapianti, intrapresi fin dal 1996 con organi di suino, che verranno auspicabilmente regolamentati con il nuovo millennio.
È prevedibile che l'incremento del numero dei trapianti di reni entro il 2010 aumenterà in tutto il mondo da 33.000 a 300.000.
Per i cardiotrapianti si passerà dagli attuali 3.000 a 110.000; i trapianti semplici di polmone, oggi 1200, arriveranno invece a 30.000; e i trapianti combinati cuore-polmone, oggi 150, fino a 20.000.
Ciò implica che, per soddisfare la domanda, occorrerebbero 320 allevamenti di maiali al costo di 650 milioni di dollari (escluso il costo di gestione agricola dei terreni). Presumendo che nel giro di qualche anno il costo di ogni xenotrapianto possa aggirarsi intorno ai 10.000 dollari, nel 2010 l'introito annuale da organi di animali potrebbe oscillare intorno ai 5 miliardi di dollari[2].
Gli xenotrapianti sono considerati un progresso rivoluzionario

[2] NZZ, Xenotransplantation - der neue Pharmboom? 7/2/1996.

nel campo della ricerca medica e la fonte futura di enormi profitti per l'industria chimica.
Attualmente alcune componenti anatomiche di origine suina - ad esempio valvole cardiache, cellule beta pancreatiche - possono essere trapiantate nell'uomo.
In futuro maiali transgenici e normali babbuini saranno usati come donatori per reni, polmoni, cuore e fegato. Finora la sopravvivenza a questo genere di trapianti è piuttosto ridotta.
Uno dei maggiori problemi è l'insorgenza della classica "Sindrome da rigetto", evento iperacuto e mortale: ogniqualvolta organi di maiale o di scimmia vengono trapiantati nell'uomo, il sistema immunitario umano reagisce violentemente mobilitando tutta una serie di reazioni difensive per inattivare quest'organo estraneo.
White D. et al. nel 1995, presso l'azienda britannica Imutran (consociata della chimica svizzera Sandoz), sembra abbiano fatto grandi passi per arginare il problema del rigetto iperacuto utilizzando maiali transgenici come donatori di organo contenenti proteine umane finalizzate a fungere da "segnale di riconoscimento" per il sistema immunitario. Dopo tale tipo di trapianto eseguito con organi di maiale transgenico, 8 scimmie risultavano ancora vive dopo 40 giorni, due perfino dopo 60 giorni.
Gli organi "umanizzati", con questa metodologia, non verrebbero più considerati estranei dal sistema immunitario umano; White ha annunciato l'intenzione di essere pronto a trapiantare il primo cuore di maiale transgenico in un uomo[3].

CUI PRODEST? A CHI GIOVA IL TRANSGENICO?

In particolare, è la multinazionale Sandoz, con sede a Basilea, (Svizzera), che, tramite questa spettacolare crescita della sua attività, vedrà sicuramente rimpinguarsi di parecchi zeri i suoi conti bancari.
Con questa operazione commerciale di strepitoso successo dei

---

3 Moran N., Pig-to-human heart transplant slated to begin in 1996, Nature Med., 1995, 1, 10, 987.

trapianti transgenici, anche la curva delle vendite della ciclosporina A crescerà. Infatti, questo immunodepressore, la cui prescrizione si accompagna sempre al trapianto d'organo, verrà utilizzato ancora per limitare i processi di rigetto che, seppur ridotti, si presentano comunque anche utilizzando organi transgenici.
Ecco spiegate dunque le spiccate aspirazioni "filantropiche" della Sandoz che sta investendo un miliardo di dollari negli xenotrapianti.
Nel frattempo anche Roche, Hoechst, Fujisawa, Bristol Meyers Squibb, Du Pont e Monsanto sperano di poter avere una fetta della gigantesca torta.

CENTAURI E CHIMERE SEMPRE PIÙ VICINI?

Gli esperimenti sui trapianti vengono condotti anche con organi di babbuini, poiché con essi il *"rigetto iperacuto"* è più debole.
Thomas E. Starzl è uno dei pionieri dell'Università di Pittsburgh, USA, nel 1992 ha trapiantato un fegato di babbuino in uno sfortunato paziente affetto da HIV e da epatite B.
In proposito non è noto se il paziente abbia fornito il suo "consenso informato", ma è risaputo soltanto che gli organi di controllo dell'Università di Pittsburgh e i "membri degli organi statali USA" hanno fornito il loro nulla osta.
Il paziente è sopravvissuto 70 giorni, ma la sua anamnesi (storia, nda) clinica profila scenari orribili costellati da: intossicazione settica, esofagite, viremia (presenza di virus nel sangue), pleurite emorragica, collasso cardiocircolatorio e tosse acuta.
In seguito, nel paziente trapiantato era subentrata insufficienza renale ed epatica sviluppandosi poi una ostruzione biliare, l'exitus fu indotto infine da un'incoercibile sanguinamento di varici esofagee (emorragia interna da lesione di alcuni vasi venosi presenti nell'esofago).
Chirurgicamente, comunque, Starzl considerò il trapianto come un successo, perché il fegato di babbuino aveva funzionato quasi ininterrottamente e il decesso del paziente era subentrato a causa delle numerose infezioni indotte dalla somministrazione d'immunosoppressori in dosi troppo massicce.

Al riscontro autoptico sul paziente sorprendentemente si rivelò che le cellule di babbuino avevano ben attecchito nei vari apparati ed organi[4].
Starzl ha poi affermato che in tutti i trapianti di successo, quale che sia l'organo, avviene in qualche modo una "migrazione delle cellule" con una veloce diffusione attraverso il flusso sanguigno. Secondo Starzl lo xenotrapianto ha tante più possibilità di successo quante più cellule animali si integrano nel corpo umano consentendo così alle cellule del sistema immunitario di adattarsi meglio alle cellule animali estranee.
Sulla scorta di queste considerazioni emerge che il successo degli xenotrapianti risiede nella realizzazione di un ibrido genetico-cellulare tra uomo ed animale[5]. Per tale situazione Starzl ha coniato il termine "chimera post trapianto". Un'altra squadra di ricercatori diretta da David Sachs (Biotransplant, Massachussetts, USA) suggerisce perciò di trapiantare anche il midollo osseo dell'animale donatore nel paziente che si è sottoposto allo xenotrapianto; in questo modo si otterrebbe un paziente più "chimerico" che potrebbe avere maggiori possibilità di ripresa[6].
Finora vengono preferiti i maiali transgenici poiché i babbuini sono ritenuti più problematici a causa della loro relazione di "parentela" con gli uomini. Secondo molti specialisti di xenotrapianti, i babbuini costituirebbero un ostacolo psicologico soprattutto se venissero creati allevamenti di scimmie da utilizzare come "magazzino di riserva" per i trapianti di organi.
Che la società si ponga meno scrupoli se vengono utilizzati i maiali antromorficamente più distanti dalle caratteristiche morfologiche umane?
È difficile comprendere come una popolazione che in maggioran-

---

[4] Starzl T.E. et al., *Baboon-to-human liver transplantation*, Lancet, 1993, 341, 65-71.

[5] Starzl T.E. et al., *Cell migration, chimerism, and graft acceptance*, Lancet, 1992, 339, 1579-1582.

[6] Sachs D. et al., *Tolerance and xenograft survival*, Nature Med., 1995, 1, 9, 969.

za mangia carne di maiale possa rifiutare questo progetto per ragioni morali, secondo White D., considerando inoltre che i maiali sono relativamente compatibili con l'uomo se si considerano il peso, gli organi e altre proprietà immunologiche.
Molti colleghi ricercatori invocano maggiori precauzioni e, tra questi, Claus Hammer dell'Università di Monaco, che, secondo la rivista *Der Spiegel*, è probabilmente il più importante esperto tedesco di xenotrapianti. Hammer afferma: "Ogni cosa diventa molto più complicata, poiché le reazioni immunitarie dipendono una moltitudine di ulteriori fattori biochimici e fisiologici.
Tra questi va innanzitutto considerato il pool anticorpale naturale, individuale e congenito che, anche se tuttora avvolto nel mistero, rappresenta un elemento fondamentale e vitale del sistema immunitario." Più si ricerca, più dati si accumulano, maggiore è la confusione, sostiene Claus Hammer[7]. Inoltre, un numero sempre maggiore di scienziati mette in guardia sui potenziali rischi di queste tecniche di trapianto non propriamente fisiologiche.

CHIMERE UMANE ED ANIMALI, PROBLEMI ETICI

Gli xenotrapianti sollevano anche problemi etici, perché la nuova tecnologia crea creature miste, metà umane e metà animali. Come menzionato all'inizio, non c'è alcuna possibilità che un organo animale, trapiantato nell'uomo, si comporti come un organo isolato, come un nuovo radiatore di una macchina. Al contrario, dopo uno xenotrapianto le cellule animali si annidano ovunque, in tutto il corpo. Cosa può significare per gli esseri umani se la linea di confine tra uomo e animale viene cancellata in questo modo? Cosa può significare per me che il mio "io" sia fatto di cellule umane e di babbuino, che le mie orecchie e le mie mani siano composte di cellule umane e suine, che io sia un miscuglio di creature differenti, in percentuali arbitrarie? Come può questo intaccare la mia identità e me stesso[8]?

---

[7] Hammer C., *Fundamental problems of xenotransplantation*, Pathologie Biologie, 42 (3), 203-207.
[8] *Hirnverpflanzung. Die erste Unsterblichkeit auf Erden?* (Rowohlt, 1993).

I sostenitori ad oltranza della nuova tecnologia dichiarano che a causa della barriera emato-encefalica (sangue-cervello) le cellule animali possono difficilmente raggiungere il SNC (Sistema Nervoso Centrale, nda) e il cervello in particolare.
Tuttavia sorge spontaneo il quesito se in realtà corpo e cervello siano assolutamente separati l'uno dall'altro, tanto da consentirci di affermare che l'intelletto, l'anima, l'identità abbiano sede unicamente nel cervello e che, di conseguenza, non rivesta importanza se il resto del corpo venga trasformato in una chimera uomo-animale[9]. Il filosofo britannico Bernhard Williams commenta così: *"Se qualcuno ha intenzione di scindere la personalità di un uomo dal suo corpo, non sa esattamente come procedere; questo è in parte ciò che intende Wittgenstein quando dice che il corpo umano è la migliore immagine dell'anima"*.
Occorre assolutamente rivalutare eticamente la ricerca sugli xenotrapianti prima che sia troppo tardi.
Giocare d'azzardo in una partita del genere sarebbe procedura alquanto autolesionista, un po' come: *"correre a fari spenti nella notte per vedere se poi è così difficile morire..."* come cantava il compianto Lucio Battisti qualche annetto fa...
Se siete ghiotti di salumi medidate su ciò che ingurgitate e se poi, nonostante tutto, decidete di continuare a farlo a vostro rischio e pericolo parafrasate almeno con serenità l'atavico motto : *"meglio viver un giorno con il suino nel panino che cento a frutta ed insalata"* ...almeno cari lettori godetevi la trasgressione, poiché *"non è scritto da nessuna parte che si debba morir sani!"*
Per concludere sull'aspetto nutrizionale un carico di sutossine (tossine provenienti dalle carni del suino, nda) eccessivo, produce un effetto simile a quello di una pentola in ebollizione che tenderà a far volar via il coperchio una volta raggiunta la temperatura di bollitura. Analogamente l'organismo, in fermento per il sovraccarico di sostanze acide, cercherà di liberarsi delle insane tossine drenandole attraverso fasi di reazione caratterizzate dalla comparsa di: foruncoli, favi, ascessi, delle ghiandole sudoripare,

---

9 *ibid.*, page 104.

fluor albus, angina tonsillare, eventualmente anche sotto la forma di sindrome influenzale e di poliartrite.
Fate attenzione, in queste fasi di difesa, a non confondere queste giuste strategie difensive con malattie comuni ed evitate di ricorrere a delle cure allopatiche per *"sedare"*, con metodi inopportuni, i sintomi subentranti perché potrebbero scatenarsi seri *danni reintossicativi e iatrogeni* (da farmaci). Saggio sarebbe in tali situazioni affrontare un periodo di alimentazione liquida, scevra da proteine animali e non, per almeno 3 giorni, abbinando l'uso di terapie ortomolecolari e rimedi omotossicologici di drenaggio d'organo e sistemici.
A quando il primo trapianto sull'uomo?
Speriamo mai, potreste pensare voi, e invece c'è qualche Nobel che non ha dubbi sul fatto che nell'arco di un paio d'anni, oltre alle maschere dei tre porcellini nelle cartolerie, saranno disponibili gli organi di analoghi animali, anche se di non squisita estrazione disneyana.
I maialini sono un gran bel giro, afferma senza peli sulla lingua Carla Massi sul Messaggero del 4 Novembre 1998 a pagina 14.
Non manca nel monotono copione la solita multinazionale: impersonata per l'occasione dalla già nota onomatopeica *"Novartis"* che in Inghilterra sta immobilizzando capitali per quotare in borsa lo xenotrapianto. In Italia quattro miliardi di lire negli anni 97-98 sono stati sborsati da voi, anche se non ve ne siete accorti, per finanziare in Emilia questi lager per animali dove, guardate a vista dalle eventuali incursioni animaliste, mandrie di innocenti animali attendono solo di essere sacrificate per l'ennesimo atto di stupidità scientifica umana.
Spostare lo sguardo, cambiare canale televisivo, purtroppo non disintegra quest'incubo ingombrante, che rispecchia l'amara realtà della storia dell'uomo che al suo risveglio dovrà fare i conti con i suoi infidi fantasmi.
Il macabro risultato di queste alchimie di morte sarà valutabile non subito, ma in termini di decenni, e a farne le spese non saremo solo noi, ma i nostri figli che, vittime inconsapevoli di questo occhio per occhio dente per dente, subiranno la nemesi di questo

biblico anatema. "Verrà *un giorno in cui gli animali diverranno il nostro prossimo ed uccidere uno di loro diverrà un reato*", affermava Leonardo Da Vinci, che certo non era un fesso perché era vegetariano.
Prudenza eccessiva? Forse, ma le minacce legate alle piante transgeniche, e i rischi ecologico-tossicologici, economici e sociali che ne potranno scaturire non sono irrisori.

VERDURE PIÙ RICCHE DAI CAMPI TRANSGENICI

La nuova ingegneria genetica applicata all'agricoltura punta ad ottenere piante con valori nutrizionali aggiunti.
Tre anni fa, nel 1996, sparsi per il mondo vi erano 2,8 milioni di ettari di terra coltivati con piante transgeniche, ovvero con piante modificate geneticamente non mediante l'antica biotecnologia della ibridazione, ma attraverso la moderna biotecnologia del DNA ricombinante o di altre tecniche di manipolazione molecolare e genetica.
Un anno dopo, nel 1997, gli ettari a coltivazione transgenica erano saliti a 11 milioni. E lo scorso anno, nel 1998, le piante modificate geneticamente coprivano ormai un'area di 27,8 milioni di ettari.
L'incremento è stato spettacolare: in soli due anni le colture transgeniche sono aumentate di dieci volte. E così qualcuno già saluta (e qualche altro già paventa) la nuova rivoluzione verde che modificherà il paesaggio agrario del mondo intero, l'alimentazione stessa dell'uomo.
In realtà la rivoluzione delle moderne biotecnologie in agricoltura è molto meno diffusa e pervasiva di quanto si creda. Perché le piante transgeniche effettivamente coltivate a grande scala sono davvero poche: soia, mais, cotone, canola. Perché nascono e crescono soprattutto negli Stati Uniti, dove si trova il 74 per cento dell'area globale coltivata con organismi transgenici. Perché sono controllate da appena quattro o cinque grandi industrie. E, soprattutto, perché quasi tutte sono state manipolate geneticamente per un solo motivo: resistere alle pesti (parassiti, insetti) o ai pesticidi (erbicidi, insetticidi).
Insomma, la sensazione è che la rivoluzione delle moderne bio-

tecnologie verdi sia largamente inesplosa. Che i rivoluzionari scesi nei campi siano ancora pochi e tendenzialmente monopolisti. E, soprattutto, che consumino tutta la loro ansia rivoluzionaria ostinandosi a utilizzare i loro potenti cannoni per sparare ai passeri, piuttosto che per aprire brecce verso una sostanziale modifica del modo di alimentarsi dell'uomo. Il risultato è che il dibattito riguardo ai rischi e alle opportunità si sta radicalizzando intorno alle questioni generali dell'economia agroalimentare globalizzata, anziché sulla miriade di specifiche potenzialità offerte dalle moderne biotecnologie verdi.

E, invece, questa miriade di potenzialità specifiche esiste. Un saggio significativo lo ha offerto di recente la rivista statunitense *Science*, che ha dedicato un numero speciale alla biotecnologia delle piante. Ovvero a quello che l'ingegneria genetica sta facendo, o sta per fare, non tanto per incrementare la produttività economica di vecchie piante e di vecchi prodotti, ma per creare nuove piante e nuovi prodotti con un valore aggiunto originale: chimico, farmaceutico e, soprattutto, nutrizionale.

Con quale coerenza si possa parlare di libero mercato quando fra meno di cinque anni, cinque colossi industriali controlleranno il 100% del mercato delle sementi. A meno che non ci si ribelli a questa estorsione progressiva nel volgere di pochi anni l'umanità intera non disporrà più del controllo delle proprie attività primarie.

LA PIANTA DALLE UOVA D'ORO

Piante transgeniche con un valore chimico aggiunto sono quelle, per esempio, che producono nuovi tipi di plastiche biodegradabili, come il poli-idrossibutirrato (PHB) o additivi dell'industria delle plastiche, come l'acido vernolico e l'acido ricinoleico. Ancora, una pianta di mais modificata geneticamente produce l'avidina, una proteina che si trova di norma nelle uova di gallina e che è un reagente molto utile nei laboratori di analisi.

Piante transgeniche con un valore farmaceutico aggiunto sono quelle capaci di produrre gli antigeni contro l'epatite B, la rabbia, il colera e diversi virus. Da qualche anno sono state modificate geneticamente piante di tabacco e di patata contenenti una proteina capace di scatenare la produzione di anticorpi contro le infezioni intestinali provocate dal batterio Escherichia coli. Una diffusione di queste piante nei paesi in via di sviluppo potrebbe essere un valido sistema per combattere la diarrea, che nel Sud del mondo è una delle cause principali di mortalità.

Ma, forse, il valore specifico aggiunto più interessante di molte piante transgeniche è quello nutrizionale. Le moderne biotecnologie, infatti, consentono di individuare e trasferire geni in grado di conferire a una pianta la capacità di aumentare la produzione di alcune sostanze biochimiche interessanti, quali per esempio i nutrienti, e di abbattere la produzione di molecole indesiderate, come gli acidi grassi saturi e tutte le altre sostanze con proprietà antinutrizionali.

L'ingegneria fitogenetica, l'ingegneria genetica applicata alle piante, offre, pertanto, opportunità inedite alla nutriceutica, ovvero alla scienza delle sostanze nutrienti e della loro azione fisiologica e terapeutica. In altri termini le moderne biotecnologie propongono svariate possibilità di far arrivare sulla tavola cibi più sani e nutrienti, non solo cibi prodotti in maniera più economica.

I due filoni di ricerca più promettenti nel campo delle biotecnologie applicate alla nutriceutica sono quelli passati in rassegna, su *Science*, dagli statunitensi Barbara Mazur, Enno Krebbers e Scott Tingey, della Stazione sperimentale di prodotti agricoli della DuPont a Wilmington, nel Delaware, e da Dean Della Penna, dell'Università del Nevada.

I tre ricercatori della DuPont, una grande azienda multinazionale, descrivono i miglioramenti nei caratteri di qualità delle sostanze di base della dieta, i cereali e le leguminose, ottenuti o ottenibili non solo attraverso la tecnica del DNA ricombinante, ma mediante un'intera costellazione di moderne tecniche biotecnologiche.

Scacco al seme

Per esempio, lo screening del germoplasma accoppiato ai nuovi

sistemi di individuazione dei caratteri funzionali e, poi, all'uso di marcatori molecolari basati sul DNA hanno consentito, un anno fa, di individuare e selezionare una pianta di soia con concentrazioni ridotte di sostanze antinutrizionali.
Attraverso una serie di cicli di selezione di ceppi genetici, alcuni ricercatori dell'Università dell'Illinois sono riusciti a ottenere una pianta di mais in grado di produrre una elevata varietà di oli. La pianta, ricca di sostanze energetiche, era povera di caratteristiche agronomiche: in altri termini, attecchiva male ed era troppo suscettibile alle malattie per poter essere usata. Hanno pensato, così, di ibridarla con un mais più resistente. Ma l'analisi quantitativa dei caratteri ha dimostrato che la normale ibridazione era difficile da realizzare: l'alto contenuto di oli nei semi della pianta era infatti regolato da una costellazione di 12 geni. I ricercatori dell'Università dell'Illinois hanno allora messo a punto un sistema, chiamato Topcross, che consente di trasferire sul campo i caratteri genetici da un genotipo inferiore a un ibrido di élite.
Mettendo poche piante della varietà maschile fertile del mais ad alta varietà di olio in un campo coltivato con piante maschili sterili del ceppo resistente del mais, è stato possibile trasferire il pool di geni per la produzione degli oli alla pianta resistente, ottenendo un nuovo ceppo resistente ma capace anche di produrre un'elevata varietà di oli.
Con altre tecniche sono state ottenute dalla DuPont piante di soia, di canola e di tabacco con alto contenuto dell'aminoacido lisina; di soia con alto contenuto di acido oleico monoinsaturo; di soia con basso contenuto di tripsina. L'azienda ha sviluppato la linea della soia. Ma altre aziende e svariate università stanno lavorando a una più vasta gamma di piante, molte delle quali modificate geneticamente, con caratteristiche nutrizionali migliori di quelle attuali. Alcune producono i nutrienti di base della dieta. Altre producono nutrienti altrettanto importanti, ma presenti solo in piccole quantità nella dieta: i micronutrienti.

La dieta su misura per le carenze alimentari

Una dieta ben bilanciata non deve contenere solo il giusto

ammontare di zuccheri, proteine e grassi. Ma deve essere farcita di un numero, piuttosto grande, di altre sostanze che l'organismo non può produrre. Queste sostanze possono essere presenti in piccole quantità, talvolta solo in tracce. C'è un numero grande, anche se indeterminato, di micronutrienti non essenziali, che sono utili al benessere fisico.

In proposito i nutrizionisti conoscono almeno 30 micronutrienti che sono essenziali per la salute: 17 minerali e 13 vitamine.

Si calcola che circa 800 milioni di persone nel mondo abbiano una dieta carente di macronutrienti, ma si calcola che alcuni miliardi di persone seguano una dieta carente di almeno uno dei 30 micronutrienti essenziali. E sono, pertanto, esposti a gravi malattie. Circa 250 milioni di bambini non assumono quantità sufficienti di vitamina A (e 500.000 di loro, ogni anno, pagano questa carenza con una forma irreversibile di cecità). Circa 1,5 miliardi di persone non assumono abbastanza iodio. E circa due miliardi di persone hanno una dieta troppo povera di ferro. Persino in occidente, tra le classi più povere, una dieta carente di micronutrienti è piuttosto diffusa.

Mettere a punto, con le moderne tecniche biologiche, patate ricche in ferro, broccoli ricchi di iodio o mais ricco di vitamina A, ovvero piante che fanno parte della dieta quotidiana di tutti, ma soprattutto dei poveri, con un elevato contenuto di micronutrienti, potrebbe facilitare la lotta a malattie molto diffuse.

Nel suo dettagliato resoconto su *Science*, il biochimico Dean Della Penna, dell'Università del Nevada, illustra i recenti progressi, ma soprattutto le difficoltà tecniche che incontrano le biotecnologie dei micronutrienti. Ottenere piante ricche di micronutrienti è possibile, ma non è semplice: occorre infatti individuare i geni che controllano l'assunzione dei minerali o la biosintesi delle vitamine, ovvero di sostanze presenti solo in tracce in una cellula. E occorre, poi, il lavoro coordinato di fitogenetisti, nutrizionisti umani, agronomi, scienziati dell'alimentazione perché, una volta individuati i geni o i gruppi di geni, sia possibile trasferirli sulla pianta giusta. Ma, al di là delle difficoltà tecniche, superabili, quello che occorre in questo tipo di ricerca sono organizzazione e

investimenti. Probabilmente fuori da una prospettiva, ristretta, di mercato. Perché i poveri con la dieta carente di micronutrienti saranno anche tanti, ma non hanno capacità di spesa.
Il più grande rischio associato alle biotecnologie nutriceutiche è, infatti, quello delle piante transgeniche orfane: le piante che, come i farmaci orfani, nessuno metterà mai a punto perché i potenziali consumatori non hanno i soldi per comprarle e ripagare gli investimenti della ricerca.

Cibi biotecnologicamente manipolati

Tabacco	Prima pianta transgenica prodotta in laboratorio con tecnologia Biotech	1983
Melone	Maggiore e migliore conservabilità	1993
Soia	Erbicida resistente	1994
Pomodoro	Maggiore e migliore conservabilità	1994
Mais	Piralide-resistenza (principale parassita del mais, nda)	1995
Patata	Resistenza a malattie infettive e migliore contenuto nutrizionale	1995

CAMPI DI COLZA TRANSGENICI O LABORATORI?

Le piante geneticamente modificate (pomodori, patate, colza, ma soprattutto soia e mais) vengono coltivate in Italia solo a scopo sperimentale, proprio per indagare sul tipo di conseguenze che possono avere da un punto di vista sanitario e ambientale.
Infatti, sebbene non esistano dati che dimostrano la pericolosità per la salute degli alimenti transgenici, si sono levate più voci, da *Nature* alla British Medical Association, che premono per una moratoria. Vanno chiariti, infatti, gli effetti a lungo termine sulla salute (per quanto riguarda nuovi allergeni e la resistenza agli antibiotici) e sull'ambiente; in particolare per verificare che

soprattutto le monocolture di mais e soia modificate non trasferiscano i geni estranei alle erbe infestanti, rendendole così super resistenti, e che non selezionino ceppi di insetti nocivi resistenti alla tossina di Bacillus thuringiensis espressa dal gene inserito nelle piante ingegnerizzate, magari a spese di insetti utili sensibili alla tossina. Infine, servono nuove ricerche che garantiscano, con un certo grado di approssimazione, che queste monocolture non determinino un ulteriore impoverimento della biodiversità nelle campagne.

Nell'allestimento di questi campi sperimentali c'è però un ritardo nel fissare sia la normativa sia i protocolli di sicurezza necessari a impedire l'incrocio fra varietà transgeniche e selvatiche, come la distanza, la gestione delle acque reflue e le sanzioni per chi non rispetti né questa né altre precauzioni.

I dati più aggiornati provengono dal Joint Research Centre della Commissione europea e identificano, per quest'anno, 227 rilasci di organismi geneticamente modificati in Italia. Si va dalle piante transgeniche ormai classiche, come la soia, il tabacco e il mais, alle novità come le melanzane, il radicchio, le olive, le patate, i meloni e le fragole, solo per citarne alcune. Per ognuno dei rilasci il Joint Research Centre elenca il numero di brevetto, la finalità dello studio ma non la sua localizzazione, che dovrebbe essere resa pubblica dall'organo che autorizza tutti i rilasci, il Ministero della sanità. A tutt'oggi però, le localizzazioni dei campi semina restano secretate, scelta che rischia di accrescere l'inquietudine e l'allarme generalizzato delle associazioni di ambientalisti e consumatori.

Il doppio binario della sperimentazione

Un'ulteriore complicazione è data dal fatto che le sperimentazioni seguono un doppio binario. Ogni due anni il Ministero dell'agricoltura stila piani semina per lo studio di nuove varietà vegetali, assegnando agli istituti di ricerca il compito di coltivarle nei propri campi sperimentali. In quanto nuove varietà, le piante geneticamente modificate sono state automaticamente inserite nei piani i quali, però, non garantiscono la possibilità di gestire,

da un punto di vista normativo, gli inconvenienti che la nuova tecnologia può comportare. Marco Moruzzi, assessore all'agricoltura della Regione Marche sottolinea, a questo proposito, la necessità di "differenziare le modalità d'iscrizione sui registri delle varietà di specie geneticamente modificate, come abbiamo proposto alla Conferenza stato-regioni, perché queste debbono essere trattate separatamente. Basti pensare che l'iscrizione ai registri comporta la commercializzazione automatica della nuova varietà dopo appena due anni, come avviene con le varietà comuni, mentre invece è ovvio che dovrebbero venire studiate più a lungo".
In attesa della risposta del Ministero, la Giunta regionale marchigiana ha deliberato, all'inizio di aprile, il rifiuto di partecipare al Piano nazionale semina per quel che riguarda i rilasci di piante transgeniche.
Ma c'è chi non è d'accordo. Oriana Porfiri, del Cermis, il Centro ricerche e sperimentazione per il miglioramento vegetale Strampelli, con sede a Tolentino, si dichiara preoccupata delle conseguenze di questa presa di posizione: "Anche se sono sostanzialmente d'accordo con i dubbi dell'assessore sulle colture transgeniche, soprattutto nelle Marche, dove l'agricoltura biologica sta diventando sempre più importante, non concordo con tale decisione. Ritengo essenziale che la sperimentazione continui, proprio per dimostrare che le varietà geneticamente modificate non sono affatto convenienti per l'agricoltura italiana, che deve invece puntare sulla sua enorme ricchezza di varietà. Ma per dimostrarlo occorre una sperimentazione ramificata sul territorio, come quella dei piani semina, appunto, gestita organicamente e affidata a istituti che sono in grado di prendere le dovute precauzioni affinché le varietà modificate non si mescolino con quelle comuni o con popolazioni locali della stessa specie o con specie geneticamente affini".
Secondo l'esperta, "la decisione della Regione Marche rischia di lasciare il campo unicamente alle sperimentazioni che le aziende titolari di brevetti affidano ad aziende agricole private, spesso ben poco attrezzate e prive della competenza scientifica e tecnica

necessaria a gestire gli organismi geneticamente modificati".
Il doppio binario delle sperimentazioni è una questione di difficile soluzione, ma occorre sottolineare che, anche per quel che riguarda le aziende agricole private, sono previsti meccanismi di controllo.
"Nel luglio 1998 abbiamo tenuto corsi di formazione per addestrare i controllori di alcune regioni a fare rispettare le norme di sicurezza" dichiara Giovanni Battaglino, responsabile dell'Ufficio brevetti del Ministero della sanità "come la distanza di 100-200 metri dai raccolti selvatici, la presenza di un cartello che segnali la coltivazione e le opportune precauzioni per i roditori. I controlli casuali erano già in corso ma ora che gli ispettori regionali andranno ad aggiungersi a quelli centrali, verranno sicuramente intensificati".

AZIENDE PRODUTTRICI DI SEMENTI E ALIMENTI TRANSGENICI

Il Financial Times non ha usato mezzi termini: per le aziende produttrici di sementi e alimenti transgenici gli ultimi mesi sono stati definiti "un disastro delle relazioni pubbliche". Dallo scorso febbraio alcune grandi catene di supermercati inglesi, come Asda, Iceland e Marks & Spencer, hanno pubblicamente dichiarato l'intenzione di rimuovere ogni ingrediente geneticamente modificato dai cibi prodotti e commercializzati, al fine di mantenere la competitività nei confronti di distributori, come la francese Carrefour, che hanno dichiarato i propri scaffali *GM-FREE*, cioè privi di prodotti geneticamente modificati.
In sinergia si sono schierati anche tre giganti del fast food, McDonald's, Burger King e Kentucky Chicken, cui si sono accodate dal 15 marzo, le intraprendenti iniziative della catena di supermercati Sainsbury che hanno deliberato di creare e coordinare un consorzio di supermercati europei cui partecipano oltre a Carrefour, lo svizzero Migros, il belga Delhaize, le italiane Esselunga e Coop e l'irlandese Superquinn.
La nuova normativa del Parlamento europeo del *Novel Food* (dal regolamento 1139/98), propone svariate sanzioni alla produzio-

ne, commercializzazione e diffusione dei cibi bomba.
Certo è che il grosso del problema sembra essere come etichettare quei cibi transgenici già entrati nel circuito alimentare, tipo pomodori, patate, melanzane, mais e soia. Come al solito si cerca di chiudere la stalla quando i buoi sono già scappati.
Sarebbe auspicabile che un garante del cibo di calibro divino scegliesse d'incarnarsi sotto forma di un politico assennato, o di un governante illuminato, per detergere l'intricato ed apocalittico quadro che si sta delineando.
Chi è il burattinaio occulto che tiene le fila di questa macabra rappresentazione della quale sono interpreti le nazioni mondiali e gli ignari cittadini?
Le medesime multinazionali sembrano gestire non solo il primato della farmacocrazia internazionale, ma anche quello del business mondiale della nutrizione; ma in fin dei conti anche il titolo di questo libro lo ribadisce: *"Secondo la Medicina Ortomolecolare qualunque cibo costituisce una prescrizione medica. Chi ha autorizzato le multinazionali a modificare le nostre abitudini alimentari e di conseguenza la nostra salute?"*
Non basterà qualche sparuto agricoltore-eroe ecologico, Masaniello dell'ultima ora, del calibro di José Bové, all'entrata dei supermercati ad almanaccare le genti.
Le pareti di gelidi edifici santuari della degradazione alimentare risuoneranno vuote alle invocazioni di soccorso che si stanno levando contro l'ennesimo abuso. Certo è che un po' di polvere dovremmo cominciare a sollevarla tutti, cari lettori, per farci sentire, altrimenti verremo calpestati dai colossi multinazionali delle biotecnologie dell'alimentazione. Noi, per esempio, stiamo scrivendo per tutti un testo agile dedicato ad un circuito distributivo a forte diffusione. Perché non cominciate anche Voi lettori a diffondere questi concetti se li ritenete validi?
La Medicina Ortomolecolare lavora per la Vs consapevolezza...e Voi perché non lavorate un po' per quella altrui.
Cominciate a disertare supermercati e luoghi ove si contrabbandano cibi manipolati, "gettate il Vostro sasso nello stagno" e state pur sicuri che se lo getteremo tutti le acque non saranno più

calme ed alla fine un maremoto d'indignazione travolgerà i loschi ideatori di questo diabolico marchingegno.
Analizzare un cibo quando è già stivato sugli scaffali dei negozi è sicuramente, come dicevamo, un presidio tardivo ed inefficace, in più, in tale fase del percorso produttivo potrebbe risultare troppo costoso e, soprattutto, può non riuscire a rivelare la presenza di geni estranei andati perduti lungo la catena dei derivati. Attraverso la reazione polimerasica a catena si può cercare di pescare con una sonda genica la sequenza desiderata, per esempio quella del mais Bt, senza riuscire a trovarla perché il prodotto è stato troppo diluito, mentre con la Chemioluminescenza ultradebole si può tracciare un identikit immediato ed estremamente preciso delle emissioni di onde biofotoniche che risulteranno fortemente aumentate nel caso di cibi manipolati geneticamente. Analoghi risultati possono essere colti con l'ausilio della tecnologia BEV, che *contando* la quantità di elettroni di una molecola (quella del cibo, nda), la sua resistività espressa in microwatts ed il valore di acidità espresso in pH, riuscirà a smascherare eventuali contraffazioni nelle mani esperte dell'esaminatore. Tecnologie costose? Assolutamente no, ma sicuramente scomode per i produttori con la coscienza sporca.
Queste difficoltà non danno pertanto ragione a quanti sostengono la sostanziale equivalenza del cibo geneticamente modificato con quello normale.
Né è vero come sostengono scienziati prezzolati, e giornalisti sull'argomento non perfettamente informati, che non è ancora stato dimostrato, né che il cibo transgenico sia innocuo né che sia pericoloso per la salute.
In proposito il 10 Agosto 1998 in una trasmissione della B. B. C. il Professor Pusztai, docente di Biochimica, ed esperto di Biotecnologie comunicò al mondo intero una drammatica ed allarmante scoperta.
Nel laboratorio di ricerca del Rowett Institute per cui lavorava si stava sperimentando un nuovo tipo di patata transgenica, ma i topi di laboratorio a cui la solanacea manipolata veniva somministrata, per appurane gli effetti nocivi sulla salute, hanno subito

nel volgere di pochi mesi (sei, nda) gravi ed ineluttabili danni a carico del sistema immunitario, e in alcuni casi sono morti. Il giorno dopo l'illuminante trasmissione della B.B.C., per ricompensa alla sua schietta comunicazione Philip James, Direttore del Rovett Institute, invece di dare un ulteriore sostegno alla ricerca, ha preferito licenziarlo in tronco.
La morale della storia vera e verificabile è fin troppo eloquente: chi sa, finga di non sapere e chi non sa finga di sapere.
Per fortuna la verità è stata però ribadita da un gruppo di scienziati dell'Università di Aberdeen (Scozia), dove Pustzai ha lavorato, con un'eloquente pubblicazione scientifica su *New Scientist*.
Dall'articolo emerge che i danni a carico delle cavie derivano non dal tipo di proteina utilizzata nel caso della patata transgenica, bensì proprio dal processo di manipolazione adottato per ottenere colture transgeniche, fortemente allergogeno ed ossidante per le strutture mitocondriali delle cellule…
Chi ha orecchie per intendere intenda!
Diffidate pertanto cari lettori di quei prodotti la cui etichetta dichiari che sono stati usati ingredienti geneticamente modificati.

Gli OGM contribuiranno ad eliminare la fame nel mondo, oppure peggioreranno la situazione?

L'esportazione dei surplus agricoli dei paesi con un'agricoltura industrializzata, ad elevata resa, sovvenzionata, vanifica la produzione dei paesi in via di sviluppo, disgregando la loro base produttiva e il loro potenziale di esportazione, danneggiando soprattutto i piccoli contadini e i poveri.
Questo dumping dei prodotti agricoli colpisce direttamente anche l'ambiente, perché i piccoli contadini non possono competere con prezzi artificialmente bassi, e saranno quindi costretti a trasferirsi su terre marginali.
È importante che i paesi altamente sviluppati dal punto di vista agricolo affrontino gli effetti negativi della loro politica per una agricoltura concentrata sulla produzione di massa, su grande scala, causa soprattutto della crescita incontrollabile delle ecce-

denze produttive (solo in Europa abbiamo un surplus di produzione di cereali di 20 milioni di tonnellate!), dovute ai sistemi di prezzo garantito per produzioni illimitate e alle sovvenzioni per le esportazioni

Il paradosso è che sostenendo l'invio dei surplus verso i paesi poveri si distrugge la loro economia rurale.

Inoltre, accettando cambiamenti, si avranno effetti positivi anche per i cittadini consumatori dei paesi industrializzati.

Qualunque sistema di sussidi deve avere lo scopo di ridurre la produzione, aumentare la qualità, imponendo una drastica riduzione dei concimi chimici e pesticidi, oltre a promuovere l'agricoltura sostenibile nei paesi forti e nei paesi in via di sviluppo, incoraggiando in particolare i produttori biologici, con grande beneficio per l'ambiente e calo della sovrapproduzione.

Questo potrebbe anche mettere fine al dumping delle esportazioni di paesi ricchi verso il Sud del mondo.

ALIMENTI CON INGREDIENTI TRANSGENICI: LA UE IMPONE L'ETICHETTA

Tra qualche mese non stupirà più leggere un'etichetta come la seguente: "Questa lecitina di soia contiene organismi geneticamente modificati". Piuttosto sarà elemento comune su molte derrate alimentari commercializzate nell'Unione Europea.

A Bruxelles il Comitato Permanente sugli alimenti, che rappresenta i Governi dei Quindici, con l'approvazione della maggioranza, ha deliberato l'accettazione della proposta di regolamento della Commissione sull'etichettatura degli alimenti con ingredienti transgenici, amenamente definiti *Novel food*.

Sarà richiesto di non superare il contenuto dell'1% oltre il valore soglia di organismi geneticamente modificati (OGM) per poter giustificare un'etichetta che reciti: *non contiene OGM,* mentre sarà apposta di routine su tutti quei prodotti alimentari privi di geni o proteine modificati.

Certo rimane sempre il problema di come e chi può ragionevolmente definire biotecnologica una coltivazione.

Le nuove norme comunitarie sono attese sin dal 1998, ovvero da

quando Bruxelles varò il regolamento 1139 sull'etichettatura obbligatoria dei *Novel food* per garantire la libertà di informazione e di scelta dei consumatori.
Bruxelles scelse due tipi di etichette:
1- *Contiene OGM*
2- *Non contiene OGM.*
Un terzo tipo, *può contenere organismi geneticamente modificati*, fu scartato perché ritenuto fuorviante, sinora comunque nonostante i buoni propositi la norma non è scattata per mancanza di regole attuative.
Il nuovo regolamento prevede che dovranno essere etichettati con l'indicazione specifica *contiene OGM* quei cibi nei quali sia stata riscontrata tramite la *valutazione delle catene delle polimerasi* (sistema per accertare se un alimento è OGM o meno, nda) la presenza di geni modificati o di proteine da questi derivanti .
Qualora il produttore riuscisse a dimostrare che gli ingredienti transgenici fossero accidentalmente penetrati nella catena del processo produttivo (per promiscua impollinazione incrociata con un terreno a coltura transgenica per esempio, nda) l'etichetta sarà concessa ugualmente a patto che la percentuale di OGM presenti sia comunque al di sotto della soglia del fatidico 1%.
La proposta di regolamento indica poi una serie di ingredienti alimentari che sono riconosciuti esenti da OGM. La lista non è considerata esaustiva, per cui nuovi ingredienti saranno aggiunti, su richiesta delle imprese, se si proverà che sono esenti dai prodotti o processi *biotech*
Con l'approvazione del comitato tecnico, ora la proposta di regolamento tornerà alla Commissione per il varo definitivo, sempre che, nel frattempo, non sorgano altri ostacoli di carattere politico.
Restano da definire i procedimenti scientifici standard da utilizzare sui campioni alimentari per accertare presenza e percentuale degli OGM negli alimenti. Ma il passo avanti compiuto è decisivo e le etichette avranno grande applicazione. Secondo Assobiotec, l'associazione delle imprese di "scienze della vita" aderente a Federchimica, nel 2005 il fatturato mondiale degli alimenti transgenici toccherà quota 33mila miliardi. In Italia alla stessa

data il giro d'affari del settore raggiungerà i 1.650 miliardi circa.
Dopo il voto, in una nota, la delegazione italiana a Bruxelles ha affermato che "l'Italia considera questo regolamento un piccolo passo in avanti che tuttavia non risolve alcuni aspetti di carattere generale, per i quali ci vogliono proposte più incisive da parte della Commissione europea". In particolare per l'Italia bisogna estendere le norme sull'etichettatura "dai prodotti destinati ai consumatori finali e alle collettività agli ingredienti dei prodotti alimentari lungo tutta la filiera, dalla produzione alla distribuzione fino alla vendita" e ai prodotti alimentari "che, pur non contenendo proteine o Dna derivati da manipolazione genetiche, sono stati ottenuti da prodotti o ingredienti alimentari geneticamente modificati".
Positiva la prima reazione delle imprese. Secondo Leonardo Vingiani, direttore di Assobiotec, "è benvenuto tutto ciò che va nella direzione della chiarezza per i consumatori e che potrà porre le imprese in condizione di operare". Invece EuropaBio, l'associazione europea del settore, ritiene che la soglia dell'1% sia facilmente rilevabile per la soia transgenica ma meno per i cereali e le altre oleginose. Anche gli ambientalisti sono soddisfatti, ma chiedono che il Governo assicuri il rispetto delle norme con controlli nazionali.
Anche se potrebbe sembrare superfluo, val la pena di ricordare che esistono già in commercio prodotti con il prefisso Bio che però sono di tutt'altra natura, per certi versi opposta a quelli Biotech. In primo luogo gli alimenti biologici. Un alimento non può essere definito *Biologico* se non contiene almeno il 90% di ingredienti provenienti da agricoltura biologica, ovvero privo di prodotti chimici, che prevedano pertanto l'uso di preparati vegetali invece dei pesticidi, oppure insetti predatori di quelli nocivi. Come fertilizzanti sono previsti letame e o leguminose interrate per fornire l'azoto necessario alle colture (tecnica del sovescio, nda). Tutto questo è disposto da precisi regolamenti comunitari. Alcuni riferimenti utili si possono trovare in:
www.provincia.mi.it/parcosud/agri_bio.htm
Viene invece definito *Biodinamico* l'utilizzo di prodotti provenien-

ti da aziende agricole che realizzano un'agricoltura cosiddetta dolce che si avvale di un *Ciclo Chiuso*: il latte proviene da bovini nutriti con foraggio prodotto sui medesimi pascoli, concimati con il letame degli animali. I terreni vengono nutriti con preparati vegetali.

Ci sono poi altre denominzioni che vengono utilizzate per connotare i prodotti alimentari. *Integrato* è un aggettivo che viene utilizzato per qualificare la miscellanea tra tecniche biologiche e convenzionali, mentre i trattamenti chimici sono ridotti (di quanto non si sa, nda) e mai utilizzati dopo la raccolta, vengono utilizzati sia pesticidi che insetti antagonisti.

Integrale è riferito per esempio ai sei cereali: grano, riso, mais., orzo, avena e segale, non sottoposti a processi di raffinazione e pertanto ancora ricchi di fibre.

Nostrano vuol significare autoctono, ma il termine non include alcuna garanzia di qualità organolettica.

Naturale è invece sfumato e sibillino poiché non qualifica un prodotto, ma propone piuttosto una polemica vaga ed imprecisa con gli altri alimenti.

Appendice

PARERE DEL COMITATO NAZIONALE PER LA BIOETICA SULLA "BOZZA DELLA DICHIARAZIONE UNIVERSALE SUL GENOMA UMANO E I DIRITTI UMANI" (UNESCO)

Il Comitato Nazionale per la Bioetica (di seguito C. N. B.) ha preso in considerazione, nella seduta plenaria del 21 febbraio 1997, la "Bozza preliminare di dichiarazione universale sul genoma umano e i diritti umani", nella redazione del 4 marzo 1996 (Doc. CIP/BIO/96 GOM JUR 6/2) - come richiesto con lettera del Ministro Testori, Segretario Generale della Commissione Italiana (Prot. 1 103, pervenuta all'esame del Sottocomitato pareri il 4/2/1997) - sulla base di una relazione stilata dai Proff. Barni, Benciolini, Bompiani, De Carli, Loreti Beghè, Piazza, Sgreccia. È stata considerata, altresì, la versione successiva (notevolmente modificata sotto alcuni aspetti) approvata dalla Commissione Giuridica del Comitato Internazionale di Bioetica (C. l. B.) dell'UNESCO in data 16 dicembre 1996 (*). A seguito del dibattito, il C. N. B. , ha approvato il seguente documento.

ASPETTI GENERALI DEL DOCUMENTO

1. Il C. N. B. rileva anzitutto che la "Bozza preliminare di dichiarazione universale sul genoma umano e i diritti umani", si iscrive nella linea, attualmente perseguita in sede internazionale, della tutela e dello sviluppo dei diritti umani. La riflessione etico-giuridica internazionale, come è noto, si svolge in varie sedi; ma molti fattori non hanno ancora consentito di raggiungere, nel settore della biologia e della medicina, conclusioni generalizzabili da tradurre in precise norme legislative. Le difficoltà rilevate sono certamente da ascrivere alla profonda differenza di mentalità, ed anche di interessi concreti, fra le varie professioni: i biologi da un lato, i giuristi dall'altro, e, infine, i medici spesso oscillanti fra varie opzioni etiche, ma sostanzialmente legati al Codice deontologico. Tuttavia hanno rilievo anche le diverse sensibilità delle culture sviluppatesi in Europa a riguardo del concetto di natura, di responsabilità umana, di valore oggettivo della ricerca e della scienza e così via. In ogni caso, già questo intenso confronto crea meccanismi di coordinamento e di autoregolazione dinamica della comunità umana, che non sono certamente privi di efficacia per lo svolgimento stesso di una "ricerca scientifica" che non sia insensibile alla dimensione etica. Anzi - per taluni osservatori - appaiono gli unici meccanismi di regolazione che la Comunità scientifica intende accettare.

2. Il C. N. B. valuta positivamente il fatto che anche l'UNESCO, con il suo riconosciuto prestigio nel campo della promozione culturale internazionale, abbia assunto una iniziativa nel settore della genetica umana. La conoscenza dei propri geni è in linea con il principio di un diritto (da taluni ritenuto fondamentale) dell'individuo, ed è anche una premessa necessaria per interventi che mirano al miglioramento delle condizioni di vita dell'uomo. Pertanto il genoma umano rappresenta uno degli argomenti più significativi e pertinenti agli scopi di una organizzazione come l'UNESCO, che si propone di diffondere la cultura scientifica a livello teorico ed applicativo e di adeguarla ai bisogni dell'uomo nel rispetto dei diritti e delle libertà individuali. La Dichiarazione trova in questo la sua piena giustificazione. Si deve sottolineare, inoltre, che tale settore di intervento, viene considerato, per tanti motivi, un test valido a provare la "responsabilità" dell'uomo nei confronti di se stesso, e banco di prova della solidarietà fra nazioni il cui sistema sociosanitario ed economico è più avanzato e nazioni emergenti, il cui apporto all'innovazione è piuttosto limitato, ma il cui desiderio di usufruire a pari dignità dei benefici previsti dallo sviluppo dell'ingegneria genetica è molto elevato.

3. Il C. N. B. valuta positivamente l'iniziativa attuale dell'UNESCO anche sotto l'aspetto dell'ulteriore sviluppo e del perfezionamento degli strumenti internazionali, già approvati dai vari Stati appartenenti all'Organizzazione delle Nazioni Unite, citati nel "Preambolo" (al Ricordando etc. in). Il C. N. B. sottolinea la complementarità della Dichiarazione universale sul genoma umano e i diritti umani alla Dichiarazione universale dei diritti dell'uomo dell'O.N.U. del 1948. Il richiamo operato nel "Considerando" è di grande rilievo in quanto il nuovo strumento internazionale, a livello universale mira a proteggere la dignità umana in un settore nuovo, sconosciuto in passato ed a contenuto specializzato, fissando dei principi generali fondamentali per gli Stati.

Questi principi - come è noto - costituiscono il punto di partenza per la creazione di una base etica comune così come è avvenuto per la Dichiarazione universale dei diritti dell'uomo del 1948, che ha costituito un importante impegno morale e il punto di incontro degli orientamenti degli Stati civili capaci di tradursi in misure adeguate sul piano giuridico. Gli obblighi assunti dagli Stati da attuare nei confronti del genoma umano, sia quale elemento costitutivo individuale, sia come elemento dell'identità umana, sono rilevanti, in quanto - anche se generici- implicano una responsabilità dello Stato riguardo al rispetto della persona e al controllo sull'attività di ricerca.

4. Il C. N. B. , inoltre, ritiene positivo il fatto che il genoma umano non compaia nella "bozza" solamente sotto il suo aspetto organico, ma anche nei riferimenti ad aspetti che alla lettura del Preambolo, potrebbero definirsi "culturali" ("tenendo presenti").

In tal modo, la vocazione universale dell'UNESCO viene particolarmente evidenziata, anche perché questa Organizzazione internazionale come l'O.N.U., si indirizza a tutti gli Stati della Comunità internazionale, tenendo presenti gli aspetti della loro storia e le caratteristiche dell'apporto che ognuno di essi offre allo sviluppo dell'umanità. La prevista Dichiarazione, a differenza della Convenzione per la protezione dei diritti dell'uomo e la biomedicina che essendo elaborata su base regionale dal Consiglio d'Europa si indirizza ai soli Stati europei (oggi 40) viene rivolta agli Stati di ogni regione del mondo indipendentemente dalla cultura che esprimono.

È certamente questo un fatto positivo, ma che può dar luogo ad una eccessiva genericità delle proposte.

5. Per diversi motivi sin qui considerati, il C. N. B. ritiene che la "Dichiarazione" prevista assuma anche una forte valenza "politica".

Dignità della persona umana, libertà della ricerca e solidarietà fra gli uomini vengono spesso riproposti come fondamento del Documento e indicazione per la politica che gli Stati debbono perseguire. In quest'ordine di considerazioni, il C. N. B. condivide il riferimento alla Convenzione delle Nazioni Unite del 2 giugno 1992 sulla diversità biologica sottolineando che il riconoscimento della diversità genetica dell'umanità non dovrà dar luogo ad interpretazioni di carattere sociale o politico, suscettibili di contestare il principio fondamentale della pari dignità inerente a tutti i membri della famiglia umana. È giudicato altresì positivo, in linea di principio, il riferimento all'importanza del dibattito democratico ai fini della cooperazione internazionale e della diffusione di principi etici (anche con l'insegnamento scolare), che favoriscano l'ossequio ai diritti-doveri dell'uomo. Naturalmente, un giudizio bioetico più circostanziato può essere dato solo dopo aver valutato, in concreto, le iniziative assunte. Altrettanto positivo è giudicato il riferimento contenuto sempre nel "Preambolo", ai seguenti punti: a) l'affermazione che le applicazioni delle ricerche nel campo della genetica devono essere regolamentate per prevenire qualsiasi pratica eugenetica contraria alla dignità e ai diritti della persona umana; b) l'affermazione che i risultati delle ricerche sul genoma umano non saranno in alcun caso utilizzati a scopo militare o bellico.

6. Tutto ciò premesso, il C. N. B. si interroga sul valore reale che potranno avere - nell'ambito della tutela del genoma - queste solenni affermazioni. Alcuni membri del C. N. B., conformemente all'opinione già espressa in altra sede, ritengono che rappresenti già un risultato politico non trascurabile il trovare un largo consenso su quei principi che sono indicati nel Preambolo ed enunciati in maggiore dettaglio nel successivo articolato. Altri componenti del C. N. B. ricordano, viceversa, che anche in sede di dibattito internazionale è stato rilevato che all'affermazione di principi così solenni non seguono norme tempestive e cogenti; che alcuni Stati hanno già dettato norme nazionali (ad esempio sulla procreazione artificiale) difficilmente accordabili fra loro e difficilmente reversibili; che la continua, frammentata e sterile discussione avviata in sede internazionale da molteplici Organismi non fa altro che favorire il mantenimento dello · status quo" propizio alla ricerca scientifica non controllata.

7. Il C. N. B. - proseguendo nell'esame del Documento - rileva che l'atteggiamento assunto dal C. I. B. (Comitato Internazionale di Bioetica) è fortemente "ottimistico" nei riguardi degli sviluppi scientifici e tecnologici dell'umanità, sì da far affermare al Presidente del Comitato stesso che "la riflessione Bioetica deve potersi dispiegare a partire dall'unica considerazione dei rischi che potrebbero derivare come attentati ai diritti dell'uomo". Sotto vari aspetti, questa posizione sostanzialmente "riduttiva" del ruolo assegnato alla Bioetica, non fa meraviglia, ove si consideri l'atteggiamento generale della cultura Bioetica sia francese che anglosassone, ampiamente "pragmatica", e rivolta a definire piuttosto linee di diritto minimale internazionale e nazionale che approfondimenti filosofici dei problemi; ma non può essere serenamente accolta dalla totalità dei membri del C. N. B. Il C. N. B. ritiene che questo atteggiamento derivi anche - oltre che dagli "obiettivi politici" già accennati che si vogliono perseguire - dai rilevanti contenuti economici connessi al problema in esame. La ricerca, nel settore della genetica, ha assunto una dimensione imponente per l'ampiezza del numero dei laboratori interessati, per i finanziamenti necessari e per le "aspettative" della gente. Quest'ultima spera di ottenere grandi benefici per la salute personale e collettiva dallo sforzo internazionale che viene compiuto. Il diritto comunitario europeo è stato fra i primi a ricercare forme di coordinamento e di regolamentazione della materia e così vale per il diritto internazionale di cui sotto l'egida dell'UNESCO - anche l'Organizzazione delle Nazioni Unite si fa carico. Questo fatto è giudicato - in sé stesso - positivamente dalla maggioranza dei membri del C. N. B.; e non potrebbe essere diversamente se si pensa che una regolamentazione che interessi solo alcuni Paesi e non altri offrirebbe occasioni di aggiramento delle norme stesse e di vanificazione dei principi generali. Tuttavia sono emerse consistenti riserve circa il possibile prevalere della dimensione economica su altri valori e a riguardo del fatto che nell'intero articolato non vengano menzionati in modo esplicito i possibili abusi che le ricerche sul genoma umano potrebbero generare. È stato suggerito che almeno l'affermazione: "i risultati delle ricerche sul genoma umano non devono essere in alcun modo utilizzati a scopo militare o bellico" contenuta nel Preambolo venga enunciata esplicitamente in un articolo del testo. Dalla lettura del testo approvato definitivamente a Parigi il 16-17 dicembre 1996 emerge invece che è stato omesso ogni riferimento alla direzione delle ricerche sia per prevenire ogni pratica eugenetica che il loro utilizzo a scopo militare o bellico.

8. Ad alimentare queste perplessità è valsa anche la nota discussione internazionale sul significato da attribuire alla dichiarazione che "il genoma umano è patrimonio comune dell'umanità". Come verrà più ampiamente argomentato in seguito possono nascere da questa espressione interpretazioni non corrette. Si deve ricordare che già in sede di Comitato dell'UNESCO è stata sottolineata da alcuni l'"ambivalenza" del significato dell'espressione: "patrimonio comune dell'umanità", che si vuole attribuire al genoma umano per le possibili interpretazioni sia in senso meramente "conservativo", da parte di taluni che probabilmente "allusivo" ad una "utilizzazione" commerciale "patrimoniale" del genoma da parte di altri. Non può tacersi il fatto che - dietro il concetto di patrimonio - può celarsi la questione controversa e irrisolta della "brevettabilità" del genoma umano. Il C. N. B. è consapevole che - per comprendere meglio il significato dell'espressione nella particolare sede in cui viene adottata - occorre ricordare che la nozione assunta nel diritto internazionale di "patrimonio comune dell'umanità" mira a garantire una equa condivisione fra tutti gli Stati dell'accesso applicazione utilizzazione e sfruttamento dei nuovi risultati conseguiti dalla ricerca sul genoma umano. Ciò varrebbe anche per gli Stati e per gli individui dei Paesi che non hanno la possibilità di effettuare ricerche. È stato citato per analogia il caso del diritto del mare ove la possibilità di sfruttamento dei fondali marini oltre le 200 miglia marine dalla costa da parte dei Paesi che non hanno accesso al mare - dopo una zona di proprietà economica esclusiva dello Stato rivierasco è considerata nel quadro del "patrimonio comune dell'umanità". Ferma restando l'opportunità di chiarire nel testo più esattamente il concetto stesso di "genoma umano", va riaffermato che il concetto di "patrimonio comune" dovrebbe essere utilizzato per indicare un capitale che l'umanità ha il dovere di proteggere anche nell'interesse delle generazioni future. In altre parole il genoma umano dovrebbe essere tutelato contro le manipolazioni che violerebbero la dignità umana essendo il genoma l'insieme dei geni cioè sostanza umana naturale che già esiste e che va preservata. In definitiva il problema se le nuove conoscenze acquisite dalla ricerca siano "invenzioni" se cioè siano sfruttabili attraverso brevetti o siano "scoperte" a disposizione di tutti - quale bene comune dell'umanità - al quale ognuno può accedere non è chiarito nella Dichiarazione che si limita a fissare principi assai vaghi. È questo un "punto caldo" che probabilmente per tal motivo non viene affatto trattato: quello relativo alla brevettabilità o meno di parti del genoma umano modificato o non. La solenne affermazione iniziale che dichiara il genoma umano patrimonio comune dell'umanità non è compatibile con una realtà di mercato in cui molte imprese commerciali "biotecnologiche" sono impegnate a brevettare e a ricavare profitto dall'identificazione di parti del genoma soprattutto quelle in cui una specifica mutazione del DNA si esprime in una malattia: la presenza della mutazione viene utilizzata commercialmente per diagnosticare o prevedere la malattia e la sua eliminazione (o la sua inattivazione) potrebbe essere progettata per una possibile terapia. È bene a questo proposito ricordare che dal 1981 al 1995 il numero di brevetti su sequenze di DNA concessi nel mondo è stato di 1175 di cui solo il 17% proprietà di enti pubblici (Nature 380-387-388, 1996) mentre allo stato attuale il numero di brevetti richiesti includendo cioè anche quelli non ancora concessi è di 6105 (Nature 384-608, 1996). Il C. N. B. auspica che un ulteriore approfondimento chiarisca i termini della tutela che viene prevista per tale "patrimonio" rinviando peraltro per una più esauriente analisi del problema al proprio documento (Rapporto sulla brevettabilità degli organismi viventi, del 19 novembre 1993).

9. Sul piano più propriamente "etico" in seno al C. N. B. sono emerse riserve consistenti in merito all'indirizzo seguito - dalla Dichiarazione - nel prevedere la tutela del genoma umano. Si osserva infatti una "costante" che prevale in questo come in altri documenti internazionali: il riferimento alla dignità e alla libertà della persona umana intesa come "Soggetto giuridico" dal momento della nascita in poi. Sebbene non manchi nella discussione avvenuta in sede C. I. B. dell'UNESCO (come del resto in altre sedi) qualche accenno al principio che anche la vita prenatale vada adeguatamente tutelata, non si procede poi - di fatto- ad assicurare né il pieno rispetto, né la reale tutela della vita del concepito. Nel settore che ci interessa, la questione - come è noto - è particolarmente delicata a proposito dell'embrione umano prima dell'impianto (ó-7 giorni dalla fertilizzazione ovocitaria), il quale rappresenta un materiale biologico utilizzabile anche per la ricerca genetica fine a se stessa. Purtroppo prevale anche nel testo in esame l'incertezza della fraseologia. Si fa l'esempio seguente: all'art. 2 punto c "Ogni uomo, qualunque siano le caratteristiche genetiche ha diritto di essere rispettato nella sua dignità e nei suoi diritti": l'espressione "ogni uomo" può comprendere, o no, la fase prenatale? Analoga espressione incerta è presente nell'art. 8. Nel dibattito avvenuto all'interno del C. N. B., qualcuno si è chiesto: "che senso avrebbe una tutela nei confronti della discriminazione se fosse accordata soltanto ad una fase della vita? Se si volessero discriminare tutti coloro che sono geneticamente portatori di una determinata ereditarietà o caratteristica legata al genoma, anche non necessariamente implicante una malattia, si potrebbe operare la selezione degli embrioni: in questo caso che valore avrebbero l'affermazione di questo paragrafo e tutto l'intento della Dichiarazione volta ad eliminare 'il dogma dell'ineguaglianza delle razze e degli uomini' (Preambolo)?"

Il C. N. B. rinvia per un più ampio esame di questa fondamentale questione ai documenti e "pareri" già espressi nel merito (in particolare al documento "Identità e statuto dell'embrione umano" emanato il 22 giugno 1996).

10. Sempre sotto il profilo delle osservazioni generali, il C. N. B. rileva che andrebbe puntualizzata ulteriormente la portata della tutela di ogni singolo soggetto nei confronti della ricerca. L'art. 6 prevede la prevalenza della dignità individuale sugli interessi della scienza e della collettività: principio certamente condivisibile (e già accolto anche nella Convenzione per la protezione dei diritti dell'uomo e la biomedicina del Consiglio d'Europa). Tuttavia, il principio così come viene enunciato, sembra generico e per taluni membri del C. N. B. sarebbe necessario che - a rinforzo del principio - fosse precisato che le applicazioni della ricerca in genetica debbano evitare ogni pratica eugenica contraria alla dignità o alla libertà della persona umana.

11. Infine, sempre in merito agli aspetti generali, il C. N. B. osserva che il coordinamento fra i vari Organismi che si occupano di Bioetica nel campo esaminato (particolarmente fra i vari Comitati internazionali: quelli dell'Unione Europea e del Consiglio d'Europa e quello dell'UNESCO), oggi avviene prevalentemente ad opera dei legami personali fra i componenti. Si auspica che il testo della Convenzione sulla protezione dei diritti dell'uomo e la biomedicina - di recente approvato dal Comitato dei Ministri del Consiglio d'Europa e che, come visto, contiene in modo dettagliato norme sulla genetica umana - e i testi redatti dal Comitato degli esperti in Bioetica dell'Unione Europea possano essere confrontati con il testo in elaborazione presso il C. I. B. dell'UNESCO, poiché non si rileva la coincidenza delle linee normative suggerite. Ciò non potrà non determinare confusioni nell'applicazione normativa.

ASPETTI PARTICOLARI

Valutato il Documento nei suoi aspetti generali, il C. N. B. - passando ad esaminare l'articolato del testo sul quale è stato richiesto di dare un a parere, (testo del 4 marzo 1996) - sottolinea più in particolare:

Artt. 1-3 (Dedicati al Genoma umano)

La prima parte della Dichiarazione, dedicata alla definizione di genoma, tende a sottolinearne quella che il C. N. B. ha valutato come una duplice valenza, cioè il fondamentale presupposto della connotazione genetica comune alla specie (art. 1) e inoltre la particolare prerogativa di ogni individuo (art. 2), non limitata peraltro alle sole caratteristiche genetiche. Una duplice valenza non statica, ma suscettibile di evolutività e di mutazioni, non impermeabile ma sensibile alle influenze ambientali e sociali e capace di risentire della qualità della vita. Se questo appare il senso che correttamente deve essere dato all'espressione, nondimeno le modalità semantiche utilizzate non sono apparse del tutto felici. Anzitutto è stato rilevato che del "genoma" non è stata data una definizione scientifica. Se si intende per genoma l'insieme di tutti i geni contenuti nel DNA di una singola persona, si dovrebbe propriamente dire che tale genoma è patrimonio della persona e non dell'umanità, così come il contenuto di un libro è di chi l'ha scritto non di chi lo legge. Se invece per genoma si intende la memoria storica di tutti i geni che discendendo per generazioni sono arrivati fino a noi, cioè ai miliardi di individui che compongono la nostra specie, allora si può dire che fa parte del patrimonio comune (inteso come ricchezza ereditata) dell'umanità, così come la letteratura intesa come raccolta di tutto ciò che è stato scritto è patrimonio comune che fa parte della nostra storia. Sarebbe più opportuno che il testo recitasse: "Il genoma umano inteso come l'insieme di tutte le varianti geniche che l'evoluzione della nostra specie ha conservato fino a noi è una componente fondamentale del patrimonio biologico e culturale dell'umanità". L'articolo 3, meno generico, è tuttavia più confuso perché mescola persona e popolazioni e non distingue le mutazioni germinali (che vengono trasmesse di generazione in generazione) da quelle somatiche che avvengono nel DNA di un singolo individuo nel corso della sua vita. L'espressione "evolutivo per natura" fa intravedere un processo nell'arco di più generazioni, ma il successivo inciso "e soggetto a mutazioni" viene riferito alle condizioni dell'individuo. Sarebbe più opportuno che il testo recitasse: "Il genoma di ogni individuo è il risultato di mutazioni genetiche avvenute nella storia evolutiva dei suoi antenati. Le potenzialità genetiche di ciascun individuo, determinate dai geni, possono esprimersi in modo diverso a seconda dell'ambiente, dell'educazione e delle condizioni di vita". Pur con questi rilievi, il C. N. B. considera corretto ritenere che il genoma umano costituisca una "componente" fondamentale di un più ampio patrimonio dell'umanità. Il considerarlo "comune" non implica l'assoggettamento del singolo alla comunità; a questo fine, è corretto quanto si esplicita all'art. 2 (identità genetica propria di ogni individuo), e - parallelamente - appaiono lodevoli il rifiuto del "riduzionismo" di certa genetica materialista ("la personalità di ognuno non può ridursi alle sole caratteristiche genetiche"), nonché la riaffermazione della dignità di ogni uomo e dei suoi diritti indipendentemente dalle caratteristiche genetiche.

Artt. 4-5-6 (Dedicati alle ricerche sul genoma umano)
Questa seconda parte ammonitrice e precettiva, sostiene la priorità d'ogni possibile protezione biologica e genetica dell'essenza biologica dell'uomo, inteso nella duplice dimensione di specie e di individuo, teleologicamente condizionandola alla irrinunciabile tutela della dignità, della libertà e degli altri fondamentali diritti della persona umana (art. 4); al punto che ogni progresso conoscitivo, tecnico ed operativo, capace di alleviare il dolore e di migliorare la salute (qui assunta alla dimensione di benessere, seguendo la storica definizione dell'O.M.S.) del singolo individuo e della comunità e, del pari, ogni progresso scientifico nel campo della biologia e della genetica, debbono essere garantiti ("ogni uomo ha diritto...") ma non imposti, né possono prevalere sulla dignità e libertà della persona. Ed è in queste prescrizioni che la Dichiarazione dell'UNESCO molto si avvicina alla nostra Costituzione della Repubblica, che congiuntamente valorizza il diritto alla salute e il diritto all'equità nell'accesso alle risorse, ma non a scapito della dignità e dell'autonomia della persona. Il dibattito avvenuto in seno al C. N. B., pur nell'apprezzamento dei concetti posti dagli articoli 4-5-6, ha messo in evidenza qualche perplessità. Ci si è chiesti: cosa significa "integrità della specie" (v. art. 4)? Quel che va tutelato in una specie, perché non si estingua, è la sua variabilità biologica, il che, in campo normativo, significa non discriminazione fra gli individui che la compongono. A rigore,

salvare l'integrità della specie potrebbe anche significare rinunciare alla terapia di una malattia ereditaria per non correre il rischio di trasmetterla alle generazioni future. Per non essere sospettati di introdurre di soppiatto auspici eugenetici è stato proposto di sostituire la parola "integrità" con l'espressione "variabilità biologica". Inoltre, è stato osservato che esiste una sostanziale differenza tra "integrità" e "salute"; la prima può anche essere sacrificata a favore della seconda. I due concetti hanno rispettivamente un significato statico e uno dinamico. È apparso a taluno più corretto (anche in coerenza con l'atto costitutivo del-l'O.M.S. e con l'art. 32 della nostra Costituzione) parlare di "tutela della salute della specie umana". È però vero che, in questo caso, indicando "integrità" potrebbe intendersi "l'intangibilità" di fronte alla minaccia di una aggressione. Infine, nel corso della discussione avvenuta in seno al C. N. B. è stato sollevato anche il problema della mancanza assoluta - nel testo in esame - di riferimenti alla tutela dell'embrione nei confronti della ricerca; e questo fatto è stato valutato negativamente da parte di numerosi membri dello stesso. Peraltro, il C. N. B. considera positiva l'affermazione che obiettivo della ricerca (attività essenziale del pensiero) è quello di far progredire la conoscenza, alleviare la sofferenza, migliorare le condizioni di salute e di benessere dell'individuo e dell'umanità, riconoscendo il diritto di ciascuno ai relativi benefici nel rispetto della propria dignità e dei propri diritti. Sarebbe opportuno, in conclusione, che il testo fosse riformulato con maggiore chiarezza.

Artt. 7-10 (Interventi sul genoma umano)

La terza parte della Dichiarazione investe il problema (art. 7) degli interventi sul genoma a scopo scientifico, diagnostico e terapeutico. Come già in precedenza accennato nelle considerazioni generali, il C. N. B. ritiene corretto ma insufficiente il fatto che ogni intervento sul genoma umano debba prevedere la valutazione preliminare dei rischi/benefici, oltreché il consenso libero e illuminato. Si pongono, inoltre, delle riserve ancora più pronunciate circa la formulazione adottata, qualora la ricerca dovesse

riguardare l'embrione.
Per quanto riguarda l'art. 7, la prima difficoltà sta nel fatto che vengono accomunati scopi scientifici, terapeutici e diagnostici dell'intervento sul genoma umano, il che lo assimila ad ogni altro intervento di tipo medico sull'uomo senza cogliere la sua specificità, cioè una forte potenzialità diagnostica e, per il momento, una debole capacità terapeutica; la seconda, forse più importante, risiede nel non distinguere una possibile terapia genica germinale da una terapia genica somatica.
Sembra necessario chiarire il riferimento alla fase dello sviluppo oggetto dell'intervento sul genoma. Se si tratta di un intervento sull'embrione è necessario precisare che viene coinvolta la linea germinale. Ma in tale caso, quanto previsto dall'articolo 7 urterebbe contro il divieto della terapia germinale, unanimemente confermato. Se il riferimento è anche al feto e all'adulto, non si può parlare di "interventi sul genoma di un essere umano", ma piuttosto di "interventi su cellule somatiche". Come è noto, sul piano teorico sono possibili entrambi i tipi di intervento, ma il grado di cautela (e di responsabilità) da adottare sono ben diversi. In definitiva, nella formulazione del 4 marzo 1996 questo articolo non è specifico per il genoma. Andrebbe almeno chiarito che i rischi e i vantaggi di tale intervento si riferiscono non solo all'interessato ma anche ai suoi discendenti: si potrebbe qui invocare il principio di responsabilità che tuttavia può entrare in conflitto con il principio di autonomia e di tutela del singolo. Infatti la Dichiarazione sembra pericolosamente liberare - per quanto soprattutto attiene alla sperimentazione scientifica - l'operatore biomedico e la comunità scientifica dall'impegno di ottemperare ai principi della Bioetica e alle regole deontologico-giuridiche nazionali e sovranazionali. L'art. 7 andrebbe pertanto riformulato introducendo un preciso riferimento normologico. Nell'articolo 8 è stato suggerito di cambiare l'espressione, un po' generica, "Caratteristiche genetiche" con "Caratteri e/o predisposizioni su base genetica identificati mediante l'analisi del suo genoma". Al di là di queste precisazioni, si è riscontrata ampia adesione - nel C. N. B. - ai contenuti sostanziali di questo paragrafo, allorché si

statuisce la messa al bando d'ogni discriminazione fondata sulle caratteristiche genetiche, la tutela del segreto sui dati genetici, il diritto al ristoro economico del pregiudizio eventualmente patito qualora la causa diretta sia stata un intervento sul genoma.
Il C. N. B. ritiene, peraltro, che dovrebbe essere approfondito meglio il concetto di riservatezza dei dati nelle indagini genetiche. Come è possibile, infatti, conservare il segreto verso un determinato individuo, quando la genetica, per la natura stessa di molte delle sue indagini, considera gruppi familiari e, quindi, vi è una reciproca conoscenza dei dati personali? Forse con "terzi" si intende esterni al gruppo familiare? Inoltre, va sottolineato che un "problema aperto" - per il C. N. B. - è quello degli screening in assenza di interventi che possano incidere sulla storia naturale della malattia, e ciò in armonia con le stesse indicazioni dell'Organizzazione Mondiale della Sanità (O.M.S.) a riguardo della diffusione degli screening in generale. In positivo, va sottolineato che la tutela giurisdizionale accordata al singolo implica la responsabilità dello Stato di far applicare i principi sanciti nella Dichiarazione.

Artt. 11-12-13 (Diritti ed obblighi degli scienziati)
Il C. N. B. riconosce la positività del previsto intervento dello Stato nell'assicurare le condizioni intellettuali e morali propizie all'esercizio delle attività di ricerca sul genoma umano, con le garanzie pubbliche per gli scopi sanitari, assicurando la tutela dei diritti e della dignità della persona umana. Si deve sottolineare, peraltro, che la genericità delle affermazioni non garantisce a sufficienza riguardo ai "contenuti" reali degli obblighi che gli scienziati dovranno assumere nel campo concreto delle applicazioni genetiche, essendo oltre tutto le esigenze di rigore, prudenza e onestà intellettuale (richieste dal testo) caratteristiche deontologiche che dovrebbero riferirsi ad ogni ricercatore.

Artt. 14-15 (Doveri e Responsabilità nei confronti degli altri)
Il C. N. B. ritiene piuttosto generica l'affermazione contenuta nell'art. 14, - mentre considera positiva, in linea di principio - la pro-

mozione di Comitati Etici pluridisciplinari, pluralistici e indipendenti incaricati di "Identificare" i problemi etici, sociali e umani sollevati dalle ricerche e dagli interventi sul genoma umano. Ritiene - ovviamente - che non ci si debba limitare alla "identificazione" dei problemi, ma ben più incisiva dovrebbe essere l'azione attribuita ai Comitati Etici.

Artt. 16-17-18 (Cooperazione internazionale)
Le indicazioni contenute nei detti articoli sono ritenute dal C. N. B. consone agli obiettivi della Dichiarazione dell'UNESCO, nel sollecitare la cooperazione internazionale nella ricerca scientifica, nell'informazione sui temi del genoma umano e, più in generale, della biologia e della genetica, nel sollecitare la cooperazione internazionale nella ricerca scientifica, nell'informazione sui temi del genoma umano e, più in generale, della biologia e della genetica.

Artt. 19-20-21-22-23 (Applicazione dei principi della Dichiarazione)
Il C. N. B. ritiene che anche gli obiettivi indicati da questi articoli siano da condividere.

ADDENDUM
Per quanto non ancora rese pubbliche, si ha notizia delle modificazioni suggerite dalla Commissione giuridica, dopo l'esame avvenuto nella IV Assemblea plenaria del C. I. B. (Parigi, 3-4 ottobre 1996), che si è riunita il 16-17 dicembre 1996(**). Sono le seguenti:
1. Nel "Preambolo", riconoscendo che è omesso il riferimento al punto b) sulle applicazioni delle ricerche nel campo della genetica che devono essere inquadrate per prevenire qualsiasi pratica eugenetica contraria alla dignità e ai diritti della personalità umana e c) i risultati delle ricerche sul genoma umano non saranno in alcun caso utilizzati a scopo militare o bellico, mentre l'articolo prosegue sottolineando che le ricerche devono nello stesso tempo rispettare pienamente la dignità e i diritti della persona,

nonché vietare ogni forma di discriminazione fondata su caratteristiche genetiche.
2. Nel "Preambolo", in luogo della frase: "proclama il genoma umano patrimonio comune dell'umanità e adotta con la presente Dichiarazione i principi che vi sono enunciati" si deve leggere: "Proclama i principi che seguono e adotta la presente Dichiarazione".
3. All'art. 1, si deve leggere: Il genoma umano è patrimonio comune dell'umanità. Si sottintende l'unità fondamentale di tutti i membri della famiglia umana ed il riconoscimento della dignità inerente a ciascuno di essi. Viene pertanto esplicitato il significato da conferire all'espressione "patrimonio", anche se non sono precisati i significati "scientifici" del concetto di genoma (v. discussione precedente).
4. All'art. 2, le lettere b) e c) sono così modificate: b) Gli individui non si riducono alle loro caratteristiche genetiche (in luogo di "La personalità di ciascuno non può ridursi alle sole caratteristiche genetiche"); c) Ogni individuo ha diritto al rispetto ecc. . . . (in luogo di "ciascuno", ecc.). Si adotta e si ripete il concetto di individuo, che è certamente più preciso e potrebbe estendersi anche alla vita prenatale.
5. All'art. 3, il testo è il seguente: Il genoma umano, per sua natura evolutivo, è soggetto a mutazione. Esso racchiude potenzialità che si esprimono differentemente, secondo l'educazione, le condizioni di vita, l'alimentazione, lo stato di salute di ogni individuo, e - in generale - il suo ambiente naturale e sociale. Il concetto del rapporto fra il genoma e la "dotazione genica", di ciascun individuo è meglio articolato, e viene incontro alle perplessità richiamate nella discussione precedente.
6. Al paragrafo B: Ricerche sul genoma umano, è stato abrogato il precedente art. 4. Il nuovo articolo 4 (che corrisponde al 5 del testo del marzo 1996) recita: Art. 4 - a) La ricerca, che è necessaria al progresso della conoscenza, procede dalla libertà del pensiero. Le sue applicazioni, specialmente in biologia e genetica, debbono contribuire all'alleviamento della sofferenza, al miglioramento della salute dell'individuo e al benessere dell'umanità intera. b)

Ciascuno deve essere messo in grado di accedere ai progressi della biologia e della genetica nel rispetto della sua dignità e dei suoi diritti. Sotto questa formulazione, il testo è condivisibile. Rimangono per alcuni le riserve (espresse in precedenza), sulla ricerca embrionale a finalità non terapeutica per l'embrione stesso. Art. 5 - (corrispondente al 6 della precedente edizione) recita: Nessun progresso scientifico deve prevalere su/ rispetto della dignità e dei diritti della persona umana, in particolare nel campo della biologia e della genetica. In questa formulazione - assolutamente condivisibile - si sottolineano gli aspetti generali, dai quali derivano le applicazioni particolari relative alla genetica.

7. Al paragrafo C: Diritti delle persone interessate, si ritrovano notevoli variazioni rispetto al testo del 4 marzo 1 996. L'Art. 6 recita: a) Una ricerca, un trattamento o una diagnosi riguardanti il genoma di un individuo, non possono essere effettuate che dopo una valutazione rigorosa e preventiva dei rischi e dei benefici che ne sono connessi, e in conformità con tutte le altre prescrizioni previste dalla legge nazionale in vigore; b) In tutti i casi previsti al paragrafo a), sarà raccolto il consenso previo, libero e informato dell'interessato. Se quest'ultimo non è in grado di esprimersi, il consenso deve essere dato dai suoi rappresentanti, guidati dal suo interesse superiore, sia come individuo sia come membro del gruppo interessato; c) Nel caso particolare della ricerca, i protocolli di ricerca debbono essere sottoposti - inoltre - ad una valutazione preventiva in conformità alle norme o linee direttive nazionali e internazionali applicabili in materia; d) Deroghe alle disposizioni stipulate ai paragrafi a) e c) precedenti possono essere previsti dalla legge per rispondere ad esigenze di sicurezza pubblica in una società democratica, allo scopo di prevenire o di reprimere il crimine. Il testo analizza concretamente le modalità di protezione degli individui nello svolgimento di ricerche, trattamenti e diagnosi genetiche, introduce il principio del consenso (nell'ampiezza già acquisita nella Convenzione per la protezione dei diritti dell'uomo e la biomedicina del Consiglio d'Europa) e il principio dell'esame preventivo dei protocolli di ricerca (rinviando alle direttive nazionali o internazionali in materia). Pertanto vengono a cadere le preoccupazioni espresse dal C. N. B. sul precedente testo. Art. 7 - Le variazioni sono di poco conto rispetto al corrispondente art. 8 del testo precedente. La protezione della dignità umana è finalizzata all'interessato (non è dunque in senso generico), e così vale per il rispetto dell'eguaglianza fra le persone. Art. 8 - Nessuna variazione rispetto al corrispondente art. 9 del testo precedente. Art. 9 - Rimane il principio del risarcimento del danno subito avente per causa diretta e determinante un intervento sul genoma di un individuo, nelle condizioni previste dalla legge. Rimane l'ambiguità sul concetto di danno (che potrebbe assimilarsi al danno biologico della corrente dottrina, ma anche al danno morale per effetto di una "discriminazione" conseguente al danno genetico. Il paragrafo D - ha cambiato titolo, divenendo Condizioni di esercizio dell'attività scientifica. Art. 10 - corrisponde al 13 del precedente testo, e recita: "Le implicazioni etiche e sociali delle ricerche sul genoma umano impongono ai ricercatori responsabilità particolari di rigore, prudenza, onestà intellettuale e integrità, sia nella conduzione delle loro ricerche che nella presentazione e utilizzazione dei risultati delle stesse". Art. 11 - corrisponde al n. 11 del testo precedente, ed afferma che gli Stati "favoriscono" (e non "assicurano") le condizioni ecc. propizie alla ricerca, nel quadro dei principi della Dichiarazione. Art. 12 - Corrisponde, con formulazione lievemente diversa, al n. 12 precedente. Viene in questa sede recuperato il concetto di "sorveglianza" che lo Stato deve esercitare affinché l'uso delle ricerche non possa servire a fini non pacifici (che era stato cancellato in precedenza, e che opportunamente compare nell'articolato (vedi discussione precedente). Art. 13 - corrisponde al n. 15 del testo precedente. Prevede l'interesse degli Stati a promuovere - a differenti livelli appropriati - la creazione di Comitati Etici indipendenti, pluridisciplinari e pluralisti, incaricati di apprezzare le questioni etiche, sociali ed umane sollevate dalle ricerche sul genoma umano e le loro applicazioni. È importante la collocazione del principio nella Sezione relativa alle condizioni di esercizio dell'attività scientifica; e vale quanto detto nella discussione precedente.

Sezione E - Doveri di solidarietà Art. 14

Al testo del corrispondente art. 14 della edizione precedente, è aggiunto - molto opportunamente - il concetto che gli Stati debbono incoraggiare le ricerche destinate ad identificare, prevenire e trattare le malattie rare o le malattie endemiche che colpiscono una parte importante della popolazione mondiale. Art. 15 - Questo articolo indica l'impegno degli Stati nella promozione della diffusione internazionale delle conoscenze scientifiche sul genoma umano e nella cooperazione scientifica e culturale, soprattutto fra Paesi industrializzati e Paesi in via di sviluppo. Corrisponde all'art. 16 del testo precedente. Art. 16 - Questo articolo contiene una nuova e più chiara esplicitazione dei principi espressi all'art. 15. Recita: a) Nel quadro della cooperazione internazionale, gli Stati debbono vegliare affinché: 1- le ricerche in biologia e genetica umana tengano conto dei problemi specifici dei Paesi in via di sviluppo; 2 - la capacità di questi Paesi a condurre tali ricerche sia rafforzata; 3 - i Paesi in via di sviluppo possano beneficiare dei risultati delle ricerche considerate; 4 - la prevenzione degli abusi e la valutazione dei rischi e dei vantaggi legati alle ricerche sul genoma siano assicurati; 5- l'accesso alle conoscenze scientifiche in questi campi sia garantito. b) Le Organizzazioni internazionali competenti debbono sostenere e promuovere le misure prese dagli Stati per raggiungere gli obiettivi sopra indicati. Il C. N. B. condivide pienamente questi principi, pur non rimuovendo completamente - in taluni passaggi - oscurità ad ambiguità residue. Non ritiene inoltre che siano stati sanati completamente quegli aspetti di "perplessità" già posti in evidenza nella parte generale del "parere" espresso, sui quali richiama ulteriormente l'attenzione. Incoraggia i membri del C. I. B. - UNESCO a proseguire nello sforzo di approfondimento e di avvicinamento delle varie posizioni, sforzo che appare assolutamente meritevole nel campo considerato. Riconosce, in ogni caso, la rilevanza di una Dichiarazione dell'UNESCO che sottolinea il momento storico attraversato dall'umanità la quale, grazie ai progressi della scienza, si avvia a raggiungere, per la prima volta nel suo cammino culturale, la conoscenza della struttura genetica di ogni singolo individuo umano e della specie. È un atto di somma importanza lanciare ai Parlamenti, alle società e al mondo scientifico un messaggio - purché coerente al suo interno - di responsabilità, volto alla tutela del genoma umano alla luce della elaborazione avanzata dei Diritti dell'uomo. Art. 17 - Riguarda l'insegnamento (nessuna variazione rispetto al testo precedente). Art. 18 - Al testo dell'art. 13 dell'edizione precedente, viene aggiunto: "(Gli Stati) si impegnano inoltre a favorire su tale soggetto un dibattito largamente aperto sul piano internazionale, assicurando la libera espressione delle correnti di pensiero socio-culturali, religiose e filosofiche. Ovviamente, il C. N. B. aderisce pienamente a questi concetti. Sezione G - Messa in opera della Dichiarazione. Art. 19 - Corrisponde al 19 precedente, con l'aggiunta dell'impegno per gli Stati a mettere in opera la Dichiarazione (era nell'art. 20). Art. 20 - Riguarda l'impegno alla formazione, educazione, informazione nel rispetto dei principi sopra enunciati (corrisponde, nella sostanza, al precedente art. 21). Art. 21 - Riguarda i compiti assegnati al Comitato dell'UNESCO. Corrisponde al precedente art. 22. Art. 22 - Corrisponde all'art. 23 del testo precedente, con maggiore precisazione delle "attività o degli atti vietati" perché contrari ai principi della Dichiarazione. Il C. N. B. , al termine della lettura, rileva che in definitiva il nuovo testo accoglie e modifica in senso migliorativo soprattutto alcuni aspetti controversi evidenziati nell'articolato. Si richiama l'attenzione sul fatto che, come già ricordato nella Presentazione del Presidente, i testi sopra citati e su cui il C. N. B. si è pronunciato, sono stati, grazie anche a queste pronunce, successivamente modificati nella riunione degli esperti governativi tenutasi a Parigi dal 22 al 25 l aglio 1997. Il C. N. B. si riserva pertanto di pronunciarsi ulteriormente sul testo definitivo della "Dichiarazione universale sul genoma umano e i diritti umani" (testo che è stato adottato dalla Conferenza generale dell'UNESCO il giorno 11 novembre 1997, N. d. R.).

Vegetali biotech autorizzati in UE e venduti in USA, Canada, Giappone ammessi sul mercato nel 1996

PRODOTTI	CARATTERISTICHE
Zucca	Resistenza ai virus
Soia	Tolleranza agli erbicidi
Mais	Tolleranza alla piralide e agli erbicidi
Colza	Tolleranza agli erbicidi
Radicchio	Tolleranza agli erbicidi
Tabacco	Resistenza agli erbicidi (solo in Francia)
Cotone	Resistenza ai parassiti
Patata	Resistenza ai parassiti
Pomodoro	Marcescenza ritardata

Piano Nazionale sulla Biodiversità
Comitato di consulenza per la Biodiversità e la Bioetica
MINISTERO DELL'AMBIENTE
(D.M. 97/568 DEL 15 MAGGIO 1997)

Introduzione

Tra le varie forme di ricchezza di un Paese (materiale, culturale, biologica), quella biologica (biodiversità) è stata finora sottovalutata. Tale ricchezza consiste nell'enorme numero di informazioni genetiche possedute da ciascuna specie, anche la più piccola.

Premessa

L'articolo 7 della Convenzione sulla Diversità Biologica (Rio de Janeiro) richiede che i Paesi contraenti "identifichino le componenti della biodiversità importanti per la sua conservazione e il suo uso sostenibile e ne effettuino il monitoraggio, attraverso campionamenti od altre tecniche".

Conoscenza e monitoraggio

Conoscenza e monitoraggio sono alla base della conservazione e della gestione del patrimonio biologico.

L'inventario

Consiste nel rilevamento, la sistematizzazione e la mappatura del patrimonio naturale a livello di geni, specie, popolazioni, habitat, biotopi, ecosistemi, paesaggi, definendone le componenti, gli assetti strutturali e i processi funzionali.

Monitoraggio

Consiste nella sorveglianza regolare dell'andamento dei parametri indicatori dello stato e dei processi, finalizzata alla valutazione delle deviazioni da uno standard determinato.

Situazione attuale in Italia

La conoscenza sistematica del patrimonio naturale (biologico e culturale) del Paese è stata riconosciuta quale condizione fondamentale per la politica nazionale riguardante le aree naturali protette dalla legge quadro del settore.

Obiettivo 1
Conoscenza, monitoraggio ed accesso alle informazioni
Realizzazione della Carta della Natura, quale sistema di conoscenze (inventario) del patrimonio naturale (biodiversità) del paese. Realizzazione del Centro Nazionale per la Conoscenza e il Monitoraggio della Biodiversità.

Obiettivo 2
Ricerca di base e applicata
Realizzazione di un programma di ricerca rilevando le lacune e stabilendo le priorità riguardanti la conoscenza della biodiversità, della sua conservazione ed uso sostenibile. Promozione ed attivazione della ricerca, conservazione ed uso sostenibile delle risorse naturali.

Obiettivo 3
Educazione e Sensibilizzazione
La scarsa attenzione alle problematiche ambientali, l'utilizzo di pratiche e tecniche di produzione con caratteri fortemente incompatibili con uno sviluppo sostenibile, la distruzione delle tradizioni e degli usi e costumi locali generano una erosione della biodiversità nazionale. Tali comportamenti sono spesso generati da una formazione culturale tanto radicata quanto distorta.
Il Ministero dell'Ambiente, promuove una campagna informativa sulla biodiversità e sul suo uso sostenibile rivolta al pubblico. Tale campagna è finalizzata alla promozione della conoscenza di importanti temi, quali: il significato della biodiversità da un punto di vista scientifico ed ecologico, i pericoli a cui è sottoposta, la sua conservazione e valorizzazione, il suo uso sostenibile.

Obiettivo 4
Conservazione in situ
La pianificazione territoriale ha un ruolo fondamentale nella conservazione ed utilizzazione sostenibile della biodiversità, sia a

livello strategico, perché evidenzia il collegamento tra i livelli di governo del territorio e le differenti politiche di settore, sia a livello locale e regionale poiché mette in luce i vantaggi ottenibili dall'utilizzazione sostenibile del patrimonio naturale attraverso la collaborazione delle istituzioni e degli operatori locali. La pianificazione dovrebbe contribuire all'utilizzazione sostenibile del territorio attraverso una equilibrata distribuzione delle attività e ad alleviare l'eccessiva pressione esercitata su alcune zone, tenendo conto delle peculiarità e fragilità ecologiche.

Obiettivo 5
Promozione delle attività compatibili
Le tecniche di coltivazione, basate sull'uso di composti chimici e la meccanizzazione non appropriata, e le tecniche di selezione, basate sulla produttività ad ogni costo, hanno mostrato chiaramente i loro limiti. Su queste considerazioni nei Paesi sviluppati è emersa l'esigenza di dare spazio ad una agricoltura e ad una zootecnia a bassi costi e bassi impatti negativi, cosa che implica necessariamente il recupero della variabilità genetica
Per quanto riguarda l'agricoltura. saranno predisposti incentivi per diffondere le tecniche dell'agricoltura biologica, dovunque sia possibile e, in alternativa, sostenere l'agricoltura integrata, riducendo al minimo indispensabile l'uso dei composti chimici e favorire l'uso di macchine agricole che minimizzino l'impatto negativo sul terreno; intervenire per ridurre l'impatto da sovraccarico dei pascoli, da allevamenti intensivi, da monocolture; difendere le zone umide e le brughiere; sostenere il ruolo che le comunità rurali hanno nella creazione e mantenimento degli habitat seminaturali e la validità delle pratiche estensive, talvolta in aree marginali, per la conservazione della biodiversità.

Obiettivo 6
Contenimento dei fattori di rischio
L'inquinamento non conosce frontiere e sulle ali del vento e nelle correnti delle acque si trasferisce anche là dove non viene prodotto. Pertanto accanto a disposizioni specifiche per particolari

aree, va attuata una politica globale per la conservazione della biodiversità su tutto il territorio, attraverso il controllo delle politiche territoriali, dei piani di settore (urbanistici, paesistici ecc. .), della localizzazione e realizzazione delle infrastrutture di servizio e di trasporto, delle tecnologie adottate per la produzione di servizi, perché vengano attuati nel rispetto del principio della conservazione della biodiversità.

Obiettivo 7
Conservazione ex-situ
Oltre a mantenere le risorse genetiche esistenti, la conservazione è funzionale anche ad altri importanti obiettivi quali, sviluppare nuove cultivar, razze e ceppi durante i programmi di miglioramento genetico. Si dovrà procedere alla sollecita definizione di una legge quadro nazionale per la difesa delle specie autoctone ed arbustive, al fine di preservare il patrimonio genetico delle realtà locali e per evitare i fenomeni di inquinamento genetico attualmente in corso.

Obiettivo 8
Biotecnologie e sicurezza
Vanno organizzati servizi adeguati in particolare presso le ANPA e le ARPA che permettano di individuare gli episodi di rilascio di OGM non notificati, la diffusione nell'ambiente dei geni introdotti nelle popolazioni di piante coltivate e di microrganismi del terreno agricolo ed i relativi effetti sulla biodiversità. Per questo dovrebbe essere prevista la istituzione di laboratori appositi almeno a livello regionale che agiscano di concerto con i NAS ed il servizio repressione frodi.
Devono essere studiate ed attuate politiche che permettano di impedire l'uso e la vendita sul territorio nazionale di OGM o loro derivati di cui sia dimostrata una azione diretta o indiretta negativa sulla biodiversità anche a prescindere dalla presenza/assenza di danni alla salute.

Obiettivo 9

Cooperazione internazionale ed ecodiplomazia

Fino ad una ventina di anni fa infatti il miglioramento genetico mirava all'ottenimento di genotipi capaci di utilizzare in modo ottimale la produzione, l'energia e i prodotti chimici impiegati. Il tentativo era di svincolare la produzione dal contesto ambientale. Questo ha portato ad una riduzione drastica del numero di genotipi coltivati sul pianeta ed al loro adeguamento ad economie sufficientemente ricche da potersi permettere costi alti in termini di energia e di chimica. Negli anni Novanta, i lati negativi di questo tipo di impostazione hanno cominciato a venire alla luce, manifestandosi attraverso il costante aumento dei costi monetari ed ambientali per unità di prodotto causato dall'aumento di input chimici ed energetici.

Biotecnologie

Omero ed Esiodo nelle loro opere parlavano di favolosi mostri per metà uomini e metà cavalli, che popolavano le montagne della Grecia Settentrionale. Di tali creature denominate *"centauri"* il più celebre è sicuramente Chirone, mentore di illustri personaggi del calibro di Asclepio, Enea, Castore, Polluce, Ulisse ed Ercole, ad opera del quale subì un ferimento mortale accidentale. In tale circostanza benché fosse immortale, Chirone forse spossato dalla sua condizione esistenziale, chiese a Zeus di farlo morire; il dio lo esaudì e lo pose fra le costellazioni col nome di *Sagittario* (Cfr. Omero, *Iliade*, XI; Orazio, *Epodi*, XIII) .

Archetipo ricorrente delle sperequazioni biologiche eseguite su ignari ed innocenti animali transgenici, l'inconscio personale si fonde con il collettivo Junghiano. L'archetipo di Chirone diviene retaggio progressivo del linguaggio universale anche in termini biologici e genetici, espresso nel DNA di ciascun essere umano. La sua condizione rappresenta la maschera di una condizione che l'essere umano sarà chiamato a rivestire quanto prima.

Dall'Atanor dell'inconscio dell'Umanità accecata dal miraggio dell'Immortalità, eccoci noi umani, Centauri risorti come un'Araba Fenice dalle sue combuste ceneri, a rivivere secondo una cosmologia vichiana, l'ennesima identica prova...

Infatti sono già pronti ed operativi i primi allevamenti di animali transgenici usati per coltivare geni da trapiantare sull'organismo umano. Alcuni sono già diventati famosi e pagati a peso d'oro.

Abbiamo Tracey una "cara" pecora, che dispensa il gene *"Alfa uno"* per il trattamento dell'enfisema e la cirrosi. Herman un "caro" vitello che produce *Lactoferrina* per la cura dei tumori. Hastrid, maialino coraggioso sintetizza *Emoglobina* per conto terzi...anche i più dissidenti nei confronti di queste biotecnologie dovranno capitolare di fronte a queste opportunità di sopravvivenza che la Scienza sta cominciando a fornire. Il problema andrà tutelato da una corretto decalogo bioetico al quale ci si dovrà auspicabilmente attenere. Saranno le toghe dei magistrati o gli abiti talari dei religiosi od ancor peggio gli addomi dilatati dei

politici a scandire questi rintocchi?
Ai posteri come al solito ...
Un bambino, nella letterina a Babbo Natale, ha chiesto in regalo un oncotopo per salvarlo dal suo amaro, quanto prevedibile destino. Probabilmente Santa Klaus non potrà ottemperare l'eccentrica richiesta, poiché il timido roditore è già ultraquotato a Wall Street, infatti l'*oncotopo* vale già miliardi .
Intanto l'italiano Renato Dulbecco prosegue in USA e collabora al grande progetto Genoma iniziato da James Watson nel 1986 che si propone di sequenziare, cioé mappare chimicamente i tre miliardi di basi che compongono il DNA dell'uomo e quindi localizzare tutti i 200 mila geni dei cromosomi (di cui alcuni appartenenti ad animali sono simili per struttura e funzioni a quelli dell'uomo).
Il progetto che all'inizio sembrava dovesse richiedere circa 30.000 anni uomo lavoro, con l'introduzione dell'informatica, sta correndo velocemente verso la prevista conclusione del progetto prevista per l'anno 2000. Inizieremo il 3° Millennio conoscendo ogni particolare e tutte le informazioni genetiche dell'uomo.
Contributo molto importante anche quello dello scienziato Luigi Cavalli-Sforza, impegnato da oltre 40 anni a redigere mappe genetiche delle popolazioni della terra, alla ricerca delle origini del soma, che risiede solo nella donna. Contrariamente a quanto si pensava fino ad oggi, l'evoluzione del DNA nelle specie viventi si può calcolare in un modo infallibile solo e unicamente attraverso le mamme e non attraverso i papà. Il DNA contenuto nei mitocondri delle genitrici (un particolare DNA detto appunto mitocondriale, che si trova esclusivamente nel nucleo della cellula femminile), infatti, viene ereditato soltanto per via materna, in quanto lo spermatozoo non è in grado di fornirlo.

HANNO DETTO DELLA VIVISEZIONE

Mahatma Gandhi: "Di tutti i crimini neri che l'uomo commette contro Dio ed il Creato, la vivisezione è il più nero".
"Aborrisco la vivisezione con tutta la mia anima. Detesto l'imperdonabile macello di vita innocente nel nome della scienza e della cosiddetta umanità, e considero del tutto prive di valore le scoperte scientifiche macchiate di sangue innocente".
"Ho parlato contro la medicina occidentale, che ho definito l'essenza concentrata della magia nera. La mia opinione deriva dalla mia non violenza, perché la mia anima si ribella alla vivisezione... Perché sugli animali inferiori - ho detto - dovrei praticare crudeltà che non praticherei mai su me stesso?".
Voltaire: "Dei barbari afferrano questo cane, che supera tanto l'uomo in amicizia; lo inchiodano su una tavola, e lo sezionano vivo... Rispondimi, meccanicista, la natura ha forse sistemato tutte le molle del sentimento in quest'animale perché non senta?".
Albert Schweitzer (1875 - 1965): "Coloro che sperimentano sugli animali non dovrebbero mai acquietare la loro coscienza dicendo a sé stessi che queste crudeltà avrebbero uno scopo lodevole".
G. B. Shaw: "Chi non esita a vivisezionare, non esiterà nemmeno a mentire sulla vivisezione".
"Un'atrocità non è certo meno grave per il semplice fatto che venga perpetrata fra le pareti di un laboratorio e, per quanto possa essere definita "scienza medica", essa rimane sempre e comunque un'atrocità".
"Un vivisettore, convinto che gli esperimenti siano giustificati dagli insegnamenti che ne trae, poiché sa che sperimentare sugli animali è meno istruttivo che sperimentare sull'uomo, prima o poi passerà a quest'ultimo".
D. Ude: "Il vivisettore, o è un tarato psichico, un debole di mente oppure se si vuol considerarlo normale, è un autentico criminale. Nel primo caso il suo posto è al manicomio; nel secondo il carcere".
Mark Twain (1835 - 1910): "Sono convinto che non mi interessa sapere se la vivisezione produce o no risultati che possano essere

vantaggiosi per la razza umana. Sapere che i risultati sono vantaggiosi non cancellerebbe la mia ostilità a tutto ciò, ed è per me sufficiente giustificazione a questa opposizione, senza guardare oltre".

Albert Einstein (1879 - 1955): "Vivisezione. Nessuno scopo è così alto da giustificare metodi così indegni".

Indro Montanelli: "A Roma stanno per inaugurare un monumento alla "cavia", cioè agli animali sacrificati negli esperimenti della vivisezione. Non sappiamo quanto le famiglie delle povere vittime se ne sentiranno gratificate. Ma, sui monumenti in genere, condividiamo il parere di Catone: *Preferisco pensare che la gente si chieda perché non ho una statua piuttosto che chieda perché ce l'ho*".

VIVISEZIONE, TEST, SPERIMENTAZIONE, ENUCLEAZIONE, BIOGENETICA

La brevettazione e diffusione di organismi geneticamente modificati (OGM) fa di noi le cavie inconsapevoli di un esperimento senza ritorno su scala mondiale e costituisce il più alto rischio che il pianeta e l'uomo abbiano mai conosciuto per:
- l'ambiente, dove i confini tra le specie, risultato di una lunghissima selezione naturale, verranno sconvolti, e dove la biodiversità sarà gravemente ridotta dalle scelte del mercato globale;
- la salute, poiché gli effetti nello spazio e nel tempo della diffusione e dell'assunzione di OGM, che si sono spesso rilevati dannosi, non sono oggi in alcun modo prevedibili;
- i più elementari diritti umani, che vengono calpestati con la brevettazione di ciò che è vivente, ovvero con la privatizzazione di un patrimonio genetico collettivo;
- la dignità stessa della vita, sia umana che animale. L'animale, modificato e poi clonato, diventa prodotto industriale, ed i brevetti sulle parti del corpo umano trasformano in merce anche l'uomo;
- il progresso della scienza, in quanto questo verrà ostacolato dai brevetti che introducono il concetto di "segreto industriale" nella ricerca.

Riconoscendo alla ricerca scientifica il diritto ed il dovere di proseguire anche nel campo delle manipolazioni genetiche, purché esse avvengano in ambiente confinato, su microrganismi e cellule (senza immissione di OGM nell'ambiente) va però ricordato e denunciato:
- il mancato rispetto, con la diffusione degli OGM, del Principio di Precauzione e della convenzione sulla Biodiversità, sanciti ambedue a Rio de Janeiro, nel 1992;
- il mancato rispetto della Dichiarazione dell'O.N.U. sul Genoma Umano (10/12/98), secondo cui il Genoma Umano è patrimonio dell'Umanità e non può essere oggetto di attività commerciali;
- la totale assenza di una adeguata informazione e di un dibattito generale su questi temi di assoluta priorità, e la necessità di una

presa di posizione chiara e ferma dell'Unione Europea, che tragga origine dalle scelte espresse dai cittadini.
La manipolazione genetica animale è una pratica che permette di "riprogrammare" gli animali alterando il loro patrimonio genetico o perfino mischiando materiale genetico di specie diverse. L'ingegneria genetica animale si è trasformata in poco tempo in un'area di interessi di natura commerciale di vastissime proporzioni creando un rapido incremento dell'uso di animali ed aggravandone le sofferenze. Molte delle tecniche usate producono risultati imprevedibili, possono così essere create molte centinaia di animali nel tentativo di ottenere un individuo con determinate caratteristiche e molti di questi animali possono subire gravi effetti collaterali anche letali, come lo sviluppo di tumori, difetti cerebrali, deformità degli arti, sterilità, artrite, diabete ed altri disturbi metabolici. La diminuzione di un uso di animali nella ricerca ed un loro maggiore benessere sono quindi dati palesemente falsi, basti pensare alla creazione dell'oncotopo, un animale capace di produrre un tumore alla mammella. I ricercatori sostengono che, creando animali transgenici con gli stessi difetti genetici presenti nella malattia umana, possono creare nuovi modelli animali più attendibili. Questo è un riconoscimento esplicito della tesi sostenuta dagli antivivisezionisti e dalle associazioni per la difesa degli animali: gli animali non possono essere modelli sperimentali scientifici. La ricerca di modelli sempre più simili all'uomo, oltre ad un business di enormi dimensioni è la prova eclatante che le ricerche finora condotte sugli animali non hanno alcun valore scientifico. Ogni specie è diversa dalle altre e si comporta in maniera unica e più ibridizzeremo gli animali, più li renderemo simili all'uomo tanto più dimostreremo che l'unico modello sperimentale scientificamente attendibili per l'uomo è l'uomo stesso. Modificare geneticamente gli animali non accresce la possibilità di avere modelli "scientifici" attendibili in quanto le differenze di specie permangono e l'animale modificato si comporta pressappoco come vogliamo per la caratteristica che abbiamo modificato geneticamente, ma per tutto il resto continua a reagire secondo le sue caratteristiche naturali. L'ingegneria genetica

rappresenta un grave pericolo e un'ulteriore fonte di sofferenza per gli animali. Gli ingegneri genetici hanno creato mucche, pecore, capre e maiali transgenici da usare per la produzione di costosi farmaci o per produrre animali fornitori di "pezzi di ricambio" per umani, semplici macchine e serbatoi di organi, si cerca inoltre di sviluppare animali da allevamento sempre più produttivi. Questo infliggerà un'ulteriore sofferenza agli animali e li esporrà a trattamenti intensivi sempre più pesanti. Gli xenotrapianti, ovvero i trapianti di organi prelevati da animali modificati geneticamente all'uomo, sono considerati un progresso rivoluzionario nel campo della ricerca medica, in realtà però comportano enormi rischi per tutta l'umanità. Trapiantare organi animali nell'uomo vuol dire anche trasferire gli agenti patogeni degli animali che normalmente risiedono nell'organo dell'animale donatore. Gli xenotrapianti, inoltre, sollevano importanti interrogativi etici:

• abbiamo il diritto di usare gli animali come mezzi di ricambio per l'uomo?
• come cambierà sotto il profilo psicologico l'identità dell'individuo ricevente: l'uomo?

Dai detersivi alle vernici, dai rossetti ai deodoranti: la *vivisezione* non è praticata solo nel campo della ricerca medica. I più svariati prodotti di uso industriale e domestico vengono sperimentati, con grandi sofferenze, sugli animali. Cinquantamila animali muoiono sfigurati da rossetti, intossicati da profumi, bruciati da creme. Per provare un nuovo ingrediente, gli animali sono costretti ad inalare per sei ore al giorno del talco o a respirare per quattro ore di seguito un decolorante per capelli o ingoiare un dentifricio. Gli occhi sono irradiati con raggi ultravioletti o vi viene iniettato del collirio; i conigli sono fra i più utilizzati poiché non lacrimano e devono subire gli effetti devastanti senza alcuna possibilità di reazione naturale per espellere la sostanza. Tutto questo, fino alla distruzione del bulbo oculare. E poi test di tossicità acuta e cronica, assorbimento cutaneo, teratogenicità, cancerogenicità. Eppure sono più di 8.000 gli ingredienti già disponibili per le aziende. Nonostante questo, il divieto di uso degli animali per i test cosmetici previsto da una direttiva europea è stato posticipato al 30 giugno 2000: una scelta che ucciderà, fra atroci sofferenze, più di 125.000 animali, quasi 150 al giorno. Il Parlamento di Strasburgo ha condannato questo rinvio affermando che "la Commissione Europea (il Governo comunitario) dà ripetutamente la precedenza ai profitti dell'industria tralasciando la sofferenza e la vita degli animali, ignorando l'opinione pubblica".

Test genetici per il rischio di cancro

Sono stati fatti significativi progressi nell'identificare geni specifici correlati alla diatesi predispositiva per ciò che concerne le neoplasie a carico dell'apparato mammario, del colon e dell'ovaio.
Famiglie a rischio di cancro mammario sono state già sottoposte a sperimentazioni basate sull'esecuzione di marker a DNA legati al gene BRCA1 sul cromosoma 17, ed ora tali screening diagnostici vengono proposti gratuitamente presso alcuni centri pilota alle famiglie ad alto rischio (il costo del singolo test è circa di 250.000 lire in Italia).
Una mutazione del BRCA1 correlata alla predisposizione al cancro mammario e/o ovarico è stata riscontrata essere indicativamente alta nella maggioranza delle famiglie ad alto rischio prese in esame.
Nel prossimo futuro saranno disponibili studi simili per il rischio di cancro del colon e prostata.

Il gene BRCA 1

"Si sta come d'autunno sugli alberi le foglie"
Giuseppe Ungaretti

La maggior parte della prevenzione nei confronti della Bestia Trionfante (il Cancro, nda) è di tipo passivo e consiste quasi esclusivamente nell'esecuzione routinaria di accertamenti, spesso più lesivi del pericolo stesso che il sanitario vorrebbe esorcizzare nel suo paziente. Si consideri in proposito l'abuso dell'esposizione alle radiazioni indotto dalle mammografie dopo la quarta decade di vita, le Scintigrafie con mezzi di contrasto radioattivo tipo Tecnezio 99, ecc.
Invece di attendere tremanti che la *Grande Falce* vibri il suo colpo risolutore finale sul nostro capo, non sarebbe più utile scegliere di cambiare qui ed ora le zone erronee della nostra vita, magari modificando quelle stesse abitudini pericolose che hanno reso l'evento neoplastico plausibile e consequenziale (vedi *Dieta per l'Anima* e *Dieta pH,* Edizioni Tecniche Nuove)?

Sarebbe orientativamente possibile prevedere che la genetica possa influenzare la salute dell'essere umano nell'ordine del 30-40% (Scapagnini, *Medicine a confronto*, 8.1.2000) e ciò maggiormente nel corso della terza-quarta età dell'individuo. Pertanto essere portatori di un gene predispositivo ad una neoplasia dovrà essere un suggerimento a vivere meglio, valorizzando il proprio corpo più che una condanna futura.

Nel 1990 è stato identificato sul cromosoma 17 un gene denominato BRCA1, sul quale è stata evidenziata una mutazione in famiglie colpite dal cancro della mammella ed ovarico ad esordio precoce.

Sono state identificate più di 100 mutazioni nel gene BRCA1, cosa che rende difficile l'individuazione di soggetti ad alto rischio.

Secondo recenti studi statistici eseguiti su campioni di popolazione seriati, avrebbero dimostrato che circa il 20% delle donne, di origine ebraica, con cancro della mammella, insorto prima della quarta decade di età, e circa il 10% di tutte quelle che hanno presentato un cancro mammario precoce, insorto prima dei 35 anni presentavano una mutazione a carico del gene BRCA1.

La positività per il gene BRCA1 indica una spiccata diatesi predispositiva alle neoplasie in genere, anche se non è possibile formulare una diagnosi cronologica ed istologica a riguardo. Ciònondimeno un riscontro del genere non dovrebbe indurre atteggiamenti distruttivi ed astensionistici, quanto piuttosto innescare nel paziente portatore di tale connotazione genetica una consapevolezza più spiccata per ciò che concerne l'opportuna considerazione di alcune variabili improrogabili, quali la dieta corretta, l'idoneo apporto qualitativo e quantitativo di acqua, l'esercizio fisico aerobico, l'opportuna respirazione, ecc. compendiabili nei precetti ortomolecolari (vedi *Medicina Ortomolecolare, Dieta Ph*, Edizioni Tecniche Nuove). Solo così potrà essere realizzata una reale prevenzione attiva

Le malattie genetiche sono variabili e l'inizio non occorre allo stesso tempo e allo stesso modo per ogni persona.

LA BIO-ELETTRONICA DI VINCENT (BEV) COME PRECAUZIONE PER LA SALUTE.

"La fisica biologica offre l'opportunità di rendere visibile tutto ciò che è invisibile nei nostri tessuti e di analizzare i cambiamenti nella catena delle reazioni chimiche che costantemente hanno luogo nel corpo umano.
Questa micro-chimica, probabilmente giungerà nel futuro a risultati straordinari come la chimica fisica che come asserisce il biografo Vles, costituisce l'ingegneria della vita.
Molto probabilmente saranno i fisici a dirci come si dispongono le molecole in caso di malattia, e come agire per riportarle nelle condizioni ottimali corrispondenti allo stato di salute perfetta. Senza dubbio, sono i disturbi dell'equilibrio fisico che si verificano nel tessuto vivente, a causare certi disturbi , poiché in determinate condizioni, possono avvenire delle trasformazioni in talune sostanze che possono determinare effettivi cambiamenti molecolari.
Possiamo supporre che la fisica, prima o poi ci chiarirà il concetto di vita: noi abbiamo già detto che, tute le forze esistenti, coordinate dalla gravità universale o dalle forze elettromagnetiche che concorrono al suo sviluppo, sono implicate nello sviluppo e nel mantenimento della vita. Ci aspettiamo perciò molto dalla fisica, piuttosto che dalla chimica che ha già determinato l'organismo vivente in connessione con le sue strutture molecolari".

Renè Leriche
Professore presso il Collegio di Francia, Membro dell'Istituto di Filosofia, della Chirurgia.

In venti anni di studi, sono state effettuate molte ricerche nel campo della bio-elettronica e sono stati condotti esami comparativi delle misure bio-elettroniche da parte di molti studiosi, tra cui in Francia vanno annoverati:
Vincent, Bosson, Magnez, Sevaux, De Tymowsky, Bader Lecussan, Picard, Moulin, Martial, Cretallaz (Svizzera) e in Germania: Morell, Prinz e altri studiosi europei.
Le conclusioni derivate da tutti questi studi, sono abbastanza

concordi e gli esami comparativi condotti sul sangue, sulla saliva e sulle urine di persone in piena salute e in pazienti affetti da cancro, hanno permesso di giungere alle seguenti determinazioni:

1. Nelle persone giovani e sane, il pH e rH_2 del sangue e delle urine, sono molto vicini come valori. Le urine eliminano i materiali di scarto del sangue, l'eccedenza di acidi e gli elettroliti minerali e organici cosicché i valori bio-elettronici del sangue restano stabili intorno ai valori:
pH = 7/7.2; rH_2 = 21/23; r = 190/220 Ohm.
Il valore *resistivo* dell'urina, invece è molto basso (25/30 Ohm) per il fatto che molti elettroliti eccedenti sono stati eliminati attraverso i reni.
2. Nel caso di uno sviluppo verso il cancro si noteranno lente ma rimarcabili discrepanze tra i valori rilevati dal sangue e quelli delle urine. Questi cambiamenti mostrano che il sangue diventa più alcalino e più ossidato e la sua resistività, a causa di un sovraccarico di elettroliti non eliminati dai reni, decresce costantemente e di conseguenza, la resistività delle urine, resta elevata per scarsa presenza di elettroliti eliminati.
3. Questo processo determina una disfunzione renale che si identifica con una diminuzione della capacità di filtrazione da parte dei reni che perciò non riescono ad eliminare sufficientemente i materiali di scarto e gli elettroliti in eccedenza del sangue. Questi elettroliti che in soprannumero restano nel sangue, ne determinano un abbassamento della resistività, con conseguente aumento della pressione osmotica nei tessuti. Il processo di mitosi che è normalmente mediato dalla differenza di potenziale e di polarità esistente tra il nucleo e il citoplasma, viene seriamente disturbato dai mutamenti elettrochimici del sangue.
4. L'uso della saliva nella diagnosi precoce del cancro e dei suoi vari stadi di sviluppo, riveste, allo stato attuale, una notevole importanza. Si deve al prof. Zambrini il merito di aver usato per primo la saliva per queste diagnosi. I suoi studi effettuati a Milano sin dagli anni Trenta, tenevano conto però soltanto del valore pH, e pertanto non portavano a risultati troppo soddisfacenti e spesso le diagnosi risultavano poco attendibili e il sistema cadde

nel dimenticatoio. Infatti, questo metodo, non considerando gli atri fattore rH_2 ed r, risultava affetto da errori e generalizzazioni, facilmente spiegabili attraverso la bio-elettronica.
La tecnica bio-elettronica consiste nel misurare i tre parametri bio-elettronici dei liquidi fisiologici dell'organismo umano. Le misure effettuare sulla saliva, forniscono precise indicazioni sullo stato di salute dell'individuo; gli andamenti bio-elettronici dei parametri della saliva di un paziente affetto da carcinoma, per esempio, sono simili agli andamenti riscontrati nelle urine, ma di direzione opposta.
La saliva di una persona in perfetto stato di salute, presenta le seguenti caratteristiche:
- ha un pH più basso di quello del sangue (6.7 rispetto a 7.1)
- ha lo stesso valore di rH_2 di quello del sangue (rH_2 =22)
- ha una resistività minore di quella del sangue (r=140 rispetto a 210,, circa 1/3 in meno).

La saliva di una persona affetta da cancro presenta invece le seguenti caratteristiche:
- il pH aumenta verso l'alcalino e si colloca ad un valore prossimo a quello del sangue; nei casi irreversibili, detto valore supera il valore del sangue di 10 o 15 unità.
- Anche rH_2 è in aumento verso l'ossidazione con conseguente continuo avvelenamento del terreno.
- Il valore di r è anche in aumento e può raggiungere un valore doppio di quello riscontrato sulla saliva di una persona sana, in caso di cancro irreversibile.

Inoltre, sembra che questa saliva, che costantemente viene secreta dalle ghiandole salivari e immessa nel sistema gastro-intestinale, possa produrre le seguenti disfunzioni:
- aumenta l'alcalinità e l'ossidazione dell'apparato digerente, contrastando l'equilibrio ionico ed elettronico del sistema digestivo che come è noto costituisce un ambiente acido ridotto.
- Causa una insufficiente eliminazione di elettroliti che comporta difficoltà nei processi di assimilazione con danni all'intero metabolismo.
- La resistività infatti aumenta notevolmente mentre nel sangue si

riscontra un fenomeno inverso.
Come è evidente, adottando queste metodologie si ottiene un valido ed economico mezzo per la prevenzione del cancro.
Alcuni ricercatori hanno annunciato la possibilità di sottoporre la popolazione a screening per quelle mutazioni genetiche correlate al rischio di cancro, pensando che lo screening possa aiutare a ridurre la mortalità da cancro, permettendo di identificare la popolazione a rischio aumentato in modo da consentire una maggiore sorveglianza e un trattamento precoce non appena il cancro si manifesti.
Tale speranza si scontra con molte incertezze.
Non si sa se una specifica mutazione, associata con la predisposizione al cancro nelle famiglie ad alto rischio, possa comportare lo stesso grado di rischio anche per gli individui che non hanno alle spalle una storia di suscettibilità familiare al cancro.
Inoltre non si può essere certi che una sorveglianza accurata degli individui geneticamente predisposti sarà in grado di ridurre la mortalità in maniera significativa e maggiore rispetto alle normali pratiche routinarie.
Infine non si può predire con certezza il danno, sia esso psicologico o sociale, che può essere causato agli individui identificati come geneticamente predisposti al cancro.
Consapevole di tali limiti, l'*American Society of Clinical Oncology*, per esempio, nell'ambito di un uso corretto di test genetici, nella determinazione della suscettibilità familiare al cancro, ha presentato alcune raccomandazioni:
a. le indagini diagnostiche devono essere praticate solo quando possono produrre risultati utili, o all'interno di sperimentazioni volte a valutarne la predittività e l'utilità clinica;
b. l'offerta dei test genetici deve avvenire solo all'interno di un genetic counseling dotato di multidisciplinarietà (competenze mediche e psicologiche) in centri qualificati.

Lista delle principali ditte italiane e loro recapiti: luce verde o rossa agli OGM?

Chi si è impegnato e chi no, a commercializzare prodotti liberi da organismi geneticamente manipolati

L'impegno di Greenpeace è encomiabile, da sempre in prima linea svolgono l'attività di consapevolizzazione nel settore nutrizionale, oltre che ambientale, il loro sito Internet andrebbe consultato regolarmente da chiunque desideri aggiornarsi sullo scottante argomento degli OGM.

La lista che segue non ha la pretesa di essere esaustiva: Greenpeace ha contattato queste ditte richiedendo la loro posizione sull'uso di Organismi Geneticamente Modificati (OGM).

Sono indicate con *Luce verde* quelle che hanno attivato una precisa politica di esclusione di OGM dai loro prodotti. Con *Luce rossa*, invece, compaiono sia quelle che hanno comunicato di attenersi alla direttiva europea (e che, conseguentemente, potrebbero fare uso dei cosiddetti "derivati") che quelle che non hanno risposto alle domande di Greenpeace.

Nessuna delle ditte contattate da Greenpeace ha esplicitamente affermato di fare uso di OGM.

Utilizzate i numeri verdi per farvi sentire: dite loro che non volete gli OGM!

ALSO *(Luce verde)*
Via Monterosa, 96 – 20100 – Milano
Tel. 02/485631
Fax 02/4984727
Alpen Muesli, Cereal Cioc, Enervit, Weetabix
AMADORI/GESCO *(Luce rossa)*
Via del Rio, 400 – 47020 – San Vittore di Cesena (FO)
Amadori, Gibus, Jolly
Tel. 0547/343943
Numero Verde. 800 216653
ARGEL *(Luce rossa)*
Nova Surgelati 02/376741

Arena, Brina, Marepronto, distr. Haagen-dazs
BAHLSEN *(Luce verde)*
Via di Corticella, 205 – 40128 – Bologna
Tel. 051/4167411
Fax 051/534057
BARILLA *(Luce verde)*
Tel. 0521/2621
Via Mantova, 166 – 43100 – Parma
Pavesi, Voiello, Le Tre Marie, Essere, Crackers Motta, Mulino Bianco
Numero verde: 167/862323
BENETTON/NUOVA FORNERIA *(Luce verde)*
Via Permonzoro, 41/43 – 20010 – Cornaredo (MI)
Tel. 02/935121
Fax 02/93561130
Buondì Motta, Ciocorì, Girella, Tortina, Yoyo, Fiordimerenda bontà latte, Le tortine, il Krapfen, Torte (Paradiso, Margherita, Pasticciera, Mandarino, Tiramisù), Biscotti del Buondi'
Numero verde: 800 898511 (9.00 – 12.00)
CHIARI & FORTI *(Luce verde)*
Via Cendon, 20 – 31067 – Silea (TV)
Tel. 0422/463395
Fax 0422/463443
Olio cuore, Topazio, Girasole, Fini, Negroni, Paf
CITTERIO *(Luce verde)*
C.so Europa, 206 – 20017 – Rho (MI)
Tel. 02/935161
Fax 02/93503133
G.Bellentani 1821 Spa
G.Pozzoli 1875 Srl
Leoncini Prosciutti Spa
Pandino Wurstel Srl
COLUSSI *(Luce verde)*
Via dell'Aeroporto, 7 – 06086 – Assisi (PG)
Tel. 075/80351
Fax 075/8035204

Antica Macina, Colussi, Misura (tranne dolcificanti che sono della Monsanto)
Numero Verde: 167 865143 (16.00 – 18.00)

GALBANI/DANONE *(Luce rossa)*
Via Fabio Filzi, 25 – 20124 – Milano
Tel. 02/675031
Fax 02/66996661
Galbani, Bel Paese, Star, Saiwa, Mellin, Orzobimbo, Santa Lucia, Lu, Prince, Tigullio, Vitasnella
Numeri verdi: Galbani 167 328468 – Danone 1678 04037

DORIA *(Luce verde)*
Via Pontebbana, 32 – 31010 – Orsago (TV)
Tel. 0438/992152
Fax 0438/992054

FERRERO *(Luce verde)*
Via Maria Cristina, 47 – 10025 – Pino Torinese (To)
Linea Consumatori: 011/8152287
Nutella, Kinder, Rocher, Mon Cheri, Brioss, Cristallina, Duplo, Estathè, Fiesta, Ferrero, Pocket Coffee

GALBUSERA *(Luce verde)*
Via Stelvio, 2 – SS363 363 – 23013 Cosio Valtellino (SO)
Tel. 0342/609111
Fax 0342/635069

ICA *(Luce verde)*
SS Pontina km 27.650 – 00040 Pomezia, Roma
Tel 06/9106911
Fax 06/9106303
Crik-Crok, Puff

KELLOGG'S *(Luce verde)*
Centro Direzionale Colleoni – Palazzo Perseo 2 – Via Paracelso, 12 – 20041 – Agrate Brianza (MI)
Tel. 039/66571
Fax 039/ 639339 6657600

KRAFT/JACOB SUCHARD *(Luce rossa)*
Via Montecuccoli, 20 – 20147 – Milano
Tel. 02/41351

Fax 02/41354806
Fattoria Osella, Invernizzi, Dover, Cote d'or, Gim, Maman Louise, Bittra Suchard, Jocca, Philadelphia, Primolo, Simmenthal, Toblerone, Milka, Sottilette, Splendid, Legeresse, Lila Pause, Vallé, Yoplait, Hag, Mato Mato, Spuntì
Numeri verdi:
Splendid 800 011877
Simmenthal 800 055200
Kraft 800 015655
Invernizzi 800 015941
LOACKER *(Luce verde)*
Via Gasterer,3 – Auna di Sotto – 39054 – Renon (BZ)
Tel. 0471/296111
Fax 0471/296115
MALGARA/QUAKER OATS *(Luce rossa)*
Via Cendon, 20 – 31057 – Silea (TV)
Tel. 0422/4624…
Fax 0422/460420
Cruesli, Gatorade, Olof, Quaker Corn flakes, Snapple
MARS/DOLMA *(Luce rossa)*
Via Dante, 14 – 27011 – Belgioioso (PV)
Servizio consumatori: 0382/979256
Fax 0382/970670
Bounty, M&Ms, Mars, Milky Way, Snickers, Twix, Uncle Ben's
NESTLÈ *(Luce rossa)*
V.le Giulio Richard, 5 – 20143 – Milano
Tel. 02/81811
Fax 02/81817948
Numero Verde: 800 434434
Linea consumatori: 02/89121111
Buitoni, Claudia, Consorzio Olio Imperia, Panna, Pezzullo, Recoaro, Idropejo, San Pellegrino, Perugina, Motta, Valle degli Orti, Maggi, Vismara, Surgela
NOVARTIS CONSUMER HEALTH *(Luce rossa)*
SS 233 – Km 20.5 – 21040 - Origgio (Va)
Tel. 02/964791

Fx 02/96479295
Cereal (tranne gli ingredienti derivanti da coltivazioni biologiche), Peso Forma, Novosal, Ovomaltina, Lecinova, Leciplus, Lievito Vit, Isostad
Numero verde: 167/018124

OROGEL *(Luce verde)*
Via Dismano, 2600 – 47020 – Pievesestina di Cesena (FO)
Tel. 0547/3771
Fax 0547/317551
Surgelati: Fritto misto, Magia di bosco

PARMALAT *(Luce verde)*
Via O. Grassi, 26 – 43044 – Collecchio (PR)
Tel. 0521/808111
Fax 0521/804586
Mister day, Kyr, Chef, Tavolette, latte (Dietalat, Natura premium, Latte Plus, Prima Crescita, Zimil, Omega 3, Gransviluppo, Vitasette, Weight-Watchers, Light, Lattecacao), Linea active-drink, Pronto Forno, Santal, Pomì, Tea, Sangri', Linea Minestre, Linea pane pronto
Numero verde: 1678 48020 (10.00 – 13.30)

PLASMON *(Luce verde)*
Via Cadolini, 26 – 20137 – Milano
Tel. 02/54201
Fax 02/55181935
Dieterba, Fattorie Scaldasole, Mareblu, Nipiol, Plasmon, Fette Punto Weight Watchers
Numeri verdi: Plasmon 167 020040 – Dieterba 167 020050 – Nipiol 167 020060

SAGIT (da Unilever) *(Luce verde)*
Via Paolo Di Dono 3/A Roma
Tel. 06/54491
Fax 06/5449593
Algida, Findus, Sorbetteria di Ranieri,
Numero Verde: 167/016372

SAMMONTANA *(Luce verde)*
Via Tosco Romagnola, 56 – 50053 – Empoli (FI)

Tel. 0571/7076
Fax 0571/707528
Gelati
SANSON *(Luce verde)*
Località Quarente 37030 – Colognola ai Colli (VR)
Tel. 045/7650322 Carlo Lorenzini
Fax 045/6150094
Numero Verde: 800 230340
SOCALBE (da NOVARTIS) *(Luce rossa)*
Via Barontini, 16/20 – 40138 – Bologna
Tel. 051/6301011
Fax 051/242142
Dietor, Frizzina, Fruttil, Idrolitina, Dietorelle, Vantaggio
Numero verde: 167/018124
UNICHIPS *(Luce rossa)*
Via Turati, 29 – 20121 – Milano
Tel. 02/62651
Fax 02/6551139
Chips Pai, San Carlo, Pai, Slim, Stick
UNILEVER *(Luce rossa)*
Via Nino Bonnet, 10 – 20154 – Milano
Tel. 02/62331
Fax 02/6552310
Vandenberg, Calvé Tel. 02/97208400
VALSOIA *(Luce verde)*
Via Barozzi, 4 – 40126 – Bologna
Fax 051/248220
Tel. 051/6086800

Nei prodotti confezionati non sempre le etichette sono sufficientemente chiare da poter escludere o meno la presenza di alimenti transgenici e derivati. La cosa migliore da fare è chiamare gli uffici responsabili dei consumatori e chiedere che volete essere certi che i prodotti di quella determinata ditta non contengano alimenti transgenici. Siate molto chiari: chiedete anche che tutti i derivati, come lecitina, oli, amido modificato ecc. siano non-transgenici e cioè che volete che provengano da colture geneticamente non manipolate. Se una ditta sostiene di non fare uso di alimenti transgenici o derivati, chiedetegli di metterlo sulle etichette, in modo che i consumatori lo sappiano e possano fidarsi. E chiedete ai supermercati di non vendere prodotti con alimenti transgenici e loro derivati.

L'Ufficio Europeo dei brevetti ha stabilito la brevettabilità di piante ed animali!
Ricordiamo che in Europa l'art. 53b della Convenzione Europea sui Brevetti, dichiara "*che le piante, gli animali, e i processi biologici essenziali alla produzione di piante o animali non possono essere brevettati...*"
Comunicato Stampa del Comitato Scientifico Antivivisezionista - 22 dicembre 1999

L'ILLEGALITÀ DIVENTA UNA NORMA ALL'EPO (UFFICIO EUROPEO DEI BREVETTI)

L'Illegalità diventa una norma per l'Ufficio Europeo dei Brevetti (EPO) che altro ieri (20/12/99) ha stabilito la brevettabilità di piante ed animali, scavalcando il diritto internazionale per favorire gli interessi delle industrie, in totale sprezzo delle richieste da noi tutti fatte a Seattle contro il monopolio di poche industrie sull'alimentazione del mondo, in difesa della salute, dell'ambiente e della sopravvivenza dei Paesi del Sud.
L'Alta Corte dell'Ufficio Europeo dei Brevetti ha chiuso il "caso Novartis" (azione legale pendente contro la richiesta della Novartis di brevettare una pianta transgenica in Europa) dando ragione alla Novartis e infrangendo, in tal modo, la Convenzione Europea dei Brevetti, ovvero la legislazione brevettuale attualmente in vigore in Europa, che vieta i brevetti su piante ed animali.
"Questo fa sì" dice Fabrizia Pratesi, Coordinatrice del Comitato Scientifico Antivivisezionista ed incaricata del tema biotecnologie nel Comitato Promotore dei Verdi "che in Europa si dà ufficialmente il via alla brevettazione di piante ed animali prima ancora che la direttiva 98/44, che prevede tale brevettazione (fino ad oggi non solo impossibile, ma anche inconcepibile!) e che è stata impugnata da Olanda, Italia e Norvegia, venga recepita (trasformata in legge) in uno solo dei Paesi membri dell'UE. Prima ancora, inoltre, che la Corte di Giustizia Europea esprima il suo parere su tale ricorso, le cui basi giuridiche sono molto solide".
L'Ufficio Europeo dei Brevetti (EPO) ha aggirato l'ostacolo dell'articolo 53b della Convenzione Europea dei Brevetti, che vieta la

brevettazione di piante ed animali, con una delibera assolutamente illegale del 16 giugno scorso del suo Consiglio d'Amministrazione, per mezzo della quale gli articoli della direttiva 98/44 sono stati inseriti nel Regolamento Applicativo della Convenzione. Ciò equivale a dire che il Regolamento Applicativo può contraddire la Convenzione cui si riferisce, equivale a dire che la Convenzione può essere stravolta senza il voto dei Paesi Membri che l'hanno sottoscritta.
Il Ministro della Giustizia tedesco, Herta Daeubler-Gmelin, ha del resto denunciato questa azione illegale in una lettera resa pubblica il 26 novembre scorso (non è possibile purtroppo un ricorso alla Corte Europea contro l'EPO, poiché quest'organismo non dipende dall'UE).
"Tutto ciò dimostra che, ancora una volta," ha aggiunto Fabrizia Pratesi, "le regole di rispetto dei diritti umani, della salute e dell'ambiente, faticosamente raggiunte attraverso l'azione instancabile di numerose ONG (Organizzazioni Non Governative) vengono allegramente infrante dalle stesse Istituzioni che dovrebbero essere preposte a farle rispettare ed il cui unico fine sembra invece essere quello di favorire le industrie (ed il monopolio che esse tentano di acquisire sulla produzione e commercializzazione degli alimenti nel mondo intero)".

ALITEST @: IL TEST CITOTOSSICO DELLE INTOLLERANZE ALIMENTARI PER LA SALUTE

Per sapere come cambiare la propria esistenza è fondamentale acquisire consapevolezza della propria alimentazione.
Saper mangiare non è facile, mangiare sano è ancor più difficile, anche per coloro che della nutrizione hanno fatto la loro professione.
Purificare il proprio organismo è il primo requisito per aspirare ad una vita serena ed in piena salute, e non si tratta di un suggestivo ed irrealizzabile miraggio, occorre solamente sapere da quale punto di partenza cominciare il proprio cammino. L'Alitest@, il test citotossico delle intolleranze alimentari, è un mattone fondamentale per edificare un solido edificio basato su stabili fondamenta.
Spesso sono proprio i sintomi i migliori alleati per il benessere, sì avete capito bene, perché sono proprio loro, che più ci tormentano, a metterci sul chi va là per comprendere che il limite di tolleranza dell'organismo sta per esser superato. Lo sfondamento della Linea Maginot Intestinale, baluardo efficace del sistema immunitario, può essere prevenuto ora più che mai considerando che gli alimenti sono divenuti delle vere e proprie bombe ad orologeria sulla nostra tavola prima e nei nostri organismi poi…
Multinazionali senza scrupoli stanno portando avanti una politica di colonizzazione geografica e digestiva dell'umanità.
Prima che i sintomi ci confermino gli eventuali grigi presagi correlati al futuro biotecnologico dell'alimentazione che si profila fosco e tempestoso, sarà opportuno tramite questo tipo di test appurare la propria soggettiva reattività all'introduzione di alimenti modificati geneticamente nella dieta.
È sorprendente constatare che un cibo geneticamente manipolato è più immunogeno (capace d'indurre reazioni d'intolleranza, a carico dei globuli bianchi, linfociti, ecc. nda) di quanto possa risultare un cibo biologico e non trattato.
L'ibridazione delle fragole con i geni del salmone, per consentire così di ottenere fragole in grado di sopravvivere alle rigide tem-

perature dei congelatori utilizzati per esportarle in tutto il globo, ne rappresenta un fulgido esempio. Qualora un individuo intollerante nei confronti delle fragole dovesse consumare del salmone questi potrebbe acquisirne impunemente, con modalità reattiva crociata, l'intolleranza anche nei confronti di questo pesce o viceversa.
Anche i pomodori stanno subendo analogo destino da svariati anni, ma nessuno si è mai premurato di chiedere ai consumatori di queste derrate alimentari se fossero stati d'accordo con tale sconsiderata iniziativa.
Dov'è la sottile linea rossa che separa il lecito dall'illecito?
Chi sancisce ciò che lo è oppure no?
Le biotecnologie alimentari sono paragonabili ad un aereo che una volta decollato sarà difficile fare atterrare incolume, specie se poi, come nel caso della nostra umanità, della cloche del pilota del buon senso si è impadronita la scimmia inesperta delle Multinazionali dell'alimentazione.
Alla guida della vostra vettura non vi sognereste mai di ignorare la spia dell'olio che minacciosa lampeggia sul cruscotto e non esitereste a fermarvi immediatamente per un controllo ed un rimbocco dell'olio in tale frangente.
Staccare la lampadina è come assumere un farmaco e non aiuta certo a risolvere il problema, anzi la maggior parte delle volte questo atteggiamento prelude all'irreparabile grippaggio del motore, o all'insorgenza della malattia, per restare fedeli alla metafora, uomo-automobile. I sintomi e le malattie sono come queste spie che ci avvertono, ascoltatele e ponete rimedio alle richieste del vostro organismo, non vi deluderà.

L'ALITEST@ sicuramente è un ottimo strumento diagnostico per aiutarci a comprendere al meglio il corretto funzionamento dell'organismo che ci è stato affidato in uso, prevenendo fin da ora gli effetti collaterali dell'abuso dei cibi OGM.
Siamo in realtà anime incarcerate in un corpo, ma fintantoché lo abitiamo dobbiamo rispettarlo anche se le aggressioni lo stanno mettendo a dura prova.

La medicina ortomolecolare (MO) lavora per la vostra consapevolezza.
Ma se volete saperne di più...

Negli ultimi decenni la conoscenza della Medicina Ortomolecolare si sta espandendo molto rapidamente a tutte le branche della medicina.
Speriamo con i nostri testi precedenti, con questo libro e con le altre attività collaterali (cui tutti potrete in maniere diverse, ma complementari, partecipare) di riunire gli animi e le aspirazioni di tutti quei medici e non, che desiderano espandere ed accrescere le loro conoscenze volte al miglioramento del loro stato di salute, per..." *vivere più a lungo e per sentirsi meglio*".
L'AIMO (Associazione Internazionale di Medicina Ortomolecolare) organizza una scuola di perfezionamento in Medicina Ortomolecolare per medici ed odontoiatri e, periodicamente, congressi, simposi, corsi, seminari, workshop rivolgendosi a tutti coloro che desiderano aumentare il loro livello di consapevolezza e qualità della salute.
È possibile consultare un sito-web dedicato alla Medicina Ortomolecolare, http://www.aimo.it/.
Gli interessati all'attività dell'AIMO (organizzazione di seminari, conferenze, presentazione di libri, corsi di aggiornamento, informazioni su Check-Up Ortomolecolari, Alitest@, Infratest@, BEV ecc.), medici e/o non medici che desiderano acquisire ulteriori dettagli informativi sulle metodiche diagnostiche e terapeutiche menzionate nel libro, possono contattarci preferibilmente per via telematica al seguente recapito:
E-mail: info@aimo.it
Corrispondenza comune presso:
Associazione Internazionale di Medicina Ortomolecolare (A.I.M.O.)
Direttrice e Coordinatrice Didattica e dei Servizi Alitest@ in Italia
Valeria Mangani
Via della Mendola 68
00135 - Roma (ITALIA)
Tel./fax 06/331.59.43 - 331.59.61 - 36.30.14.74

Natura & Salute

CUCINA NATURALE

I. Biganzoli, S. Honeggher Chiari
• I DOLCI NATURALI
Cod. 00066 - L. 32.000

I. Biganzoli, M. Corazza
• ORIENTE IN TAVOLA
Cod. 0276X - L. 33.000

A. Giacosa, D. Garavini, F. Travaglini
• PIÙ GUSTO, PIÙ SALUTE CON 5 PORZIONI AL GIORNO DI FRUTTA E VERDURA
Cod. 05947 - L. 34.000

D. Garavini, S. Honegger Chiari
• CUCINA NATURALE
44 menù, oltre 200 ricette,per il piacere di mangiare sano
tascabile: Cod. 02182 - L. 24.000

C.Aubert
• I CEREALI NEL PIATTO
Cod. 00481 - L. 29.000

NUTRIZIONE

M. Mandatori
• MANUALE DELLE ALLERGIE E INTOLLERANZE ALIMENTARI
Cod. 06307 - L. 29.000
Un testo con consigli pratici da seguire e schemi nutrizionali semplici ma efficaci sia per diagnosticare, sia per curare il fenomeno delle intolleranze alimentari.

V. Mangani, A. Panfili
• LA DIETA PH
Cod. 0472X - L. 35.000
La dieta PH che questo volume propone non è una delle tante, ma è un modo naturale di affrontare la realtà di tutti i giorni e migliorare la qualità della vita.

V. Mangani, A. Panfili
• CANDIDA L'EPIDEMIA SILENZIOSA: ALLERGIA AL XX SECOLO?
Cod. 03243 - L. 32.000
Questo libro vi aiuterà a scoprire la vera causa dei vostri sintomi e vi indicherà quale strada percorrere per ritrovare la salute perduta del corpo e della mente senza farmaci.

A. Panfili
• MEDICINA ORTOMOLECOLARE
Una medicina a misura d'uomo
Cod. 02344 - L. 45.000

Natura & Salute

La più antica medicina riunificatrice, che cura l'uomo nella sua globalità.

V. Masci
• **BUONA DIGESTIONE A TUTTI**
Cod. 07664 - L. 29.000
Utili consigli per migliorare la digestione.

A. Colli
• **LE CALORIE - Dove, come, quante**
Cod. 08008 - L. 14.000
Un percorso che permette a ciascuno di adottare un'alimentazione sana e personalizzata con le giuste calorie.

AA.VV.
• **CIBI CHE GUARISCONO**
Cod. 09551 - L. 29.000
Scoprite 50 comuni alimenti con proprietà curative che nessuna pillola riesce ad eguagliare.

R. Sahelian
• **MELATONINA**
Cod. 03626 - L. 22.000
La melatonina, un ormone naturale prodotto di notte dall'ipofisi, favorisce il sonno naturale ed ora è disponibile anche come integratore.

R. Sahelian
• **DHEA - Guida pratica**
Cod. 04118 - L. 24.000
Il deidroandrosterone (DHEA) un ormone prodotto dalle ghiandole surrenali viene descritto come una "fonte di eterna giovinezza".

R. Henrikson
• **SPIRULINA - La microalga che può aiutarci a ritrovare il benessere**
Cod. 06471 - L. 27.000
Quest'alga, che la natura ha creato miliardi di anni fa, può aiutarci a ridare benessere.

R. Sahelian
• **PREGNENOLONE - L'ormone naturale del benessere**
Cod. 07109 - L. 24.000
Il "pregnenolone" il "capostipite di tutti gli ormoni steroidei" può migliorare l'umore e la memoria ed accrescere le energie.

S.S.Hendler
• **ENCICLOPEDIA DELLE VITAMINE E DEI MINERALI**
Cod. 9167 - L. 59.000
Guida completa all'intricato mondo delle vitamine; esamina più di 200

voci fra vitamine, minerali, erbe e altri integratori nutrizionali.

J. Gauthey-Urwyler
• MANGIAR SANO PER STAR BENE - Le ricette della dottoressa Kousmine
Cod. 9612 - L. 28.000
Pietanze sane, appetitose, per i malati che devono seguire diete speciali e per chi desidera migliorare la propria salute.

A. Bondil, M. Kaplan
• LA SALUTE A TAVOLA
90 ricette secondo il metodo Kousmine
Cod. 694X - L. 25.000
Tutti dovremmo sapere come nutrirci per difenderci dall'inquinamento e rafforzare il sistema immunitario.

C. Kousmine
• SALVATE IL VOSTRO CORPO
Prevenire e guarire le malattie moderne intervenendo sulle abitudini alimentari
Cod. 7954 - L. 31.000
La dottoressa Kousmine ci insegna a difendere la salute con un'alimentazione appropriata.

Association Méd. Kousmine Internat.
• IL METODO KOUSMINE
Alimentazione sana, apporto di vitamine e minerali, igiene intestinale, implicazioni psicologiche
Cod. 9213 - L. 23.000
Introduzione al metodo Kousmine, utile ai medici, a chi è ammalato e a chi desidera mantenersi in salute.

A. Bondil, M. Kaplan
• MANGIARE MEGLIO PER VIVERE PIÚ A LUNGO
secondo il metodo kousmine
Cod. 01151 - L. 39.000
Forma fisica e salute dipendono anche dall'alimentazione; conoscendone i meccanismi e adeguandola alle proprie esigenze si possono prevenire o guarire malattie.

D. Grant, J. Joice
• COMBINAZIONI ALIMENTARI PER LA SALUTE
Cod. 00651 - L. 29.000
Un libro che spiega i fondamenti di un metodo che per il suo ideatore (Hay medico americano) costituisce il modo più sicuro per prevenire disturbi e patologie.

Natura & Salute

G. Leibold
• IL DIGIUNO TERAPEUTICO
Cod. 02123 - L. 19.000
Utili consigli per eliminare le scorie dai tessuti, ridurre il sovrappeso e stimolare le difese immunitarie.

P. Holford
• MANUALE DI NUTRIZIONE FAMILIARE
Cod. 6656 - L. 30.000
L'importanza della problematica nutrizionale esposta in modo semplice e convincente.

P. Holford
• GUIDA COMPLETA ALLA NUTRIZIONE
Cod. 07850 - L. 39.000
Un testo per raggiungere un livello di nutrizione ottimale.

ALIMENTAZIONE

G. Lepetite De La Bigne, A. Amante
• L'ALIMENTAZIONE VEGETARIANA
Cod. 9604 - L. 37.000
Un libro dedicato a chi desidera vagliare i vari tipi di alimentazione senza carne e a chi considera misterioso il mondo dei vegetariani.

C. Calbom, M. Keane
• LA SALUTE CON I SUCCHI DI FRUTTA E VERDURA
Cod. 9434 - L. 34.000
Nutrirsi in maniera corretta ed equilibrata, con frutti e verdure che aiutano a combattere numerosi disturbi: dieci diete base e oltre cento facili ricette.

F. Hoelecz
• CUCINA ENERGETICA E CURATIVA
Per vivere più sani e più a lungo
Cod. 02166 - L. 32.000
Oltre 200 ricette per rispettare le regole biologiche del proprio organismo.

G. Fulghesu
• ALIMENTAZIONE NATURALE DEL BAMBINO
Cod. 10096 - in preparazione
La base fondamentale per il mantenimento della salute è un'alimentazione corretta fin dai primi giorni di vita, insieme a una precisa educazione alimentare che permetta ai bambini di acquisire il concetto di salute come bene prezioso.

Natura & Salute

G. Fulghesu
• **SVEZZAMENTO NATURALE**
Cod. 03324 - L. 31.000
Un libro per facilitare il compito dei genitori che desiderano fare scelte alimentari consapevoli e positive.

A. Heßmann
• **LA DIETA SECONDO IL GRUPPO SANGUIGNO**
Cod. 08083 - L. 19.000
In questo libro si spiega quali sono i gruppi alimentari più importanti per i quattro gruppi sanguigni O,A,B e AB.

G. Fulghesu
• **MANGIARE MEDITERRANEO**
Cod. 03332 - L. 45.000
Questo libro propone un'informazione di base sugli alimenti, sulle regole per realizzare una corretta alimentazione, sulle caratteristicge di quel particolare modo di mangiare chiamato oltre oceano "dieta mediterranea".

H. Hsiang-Fan, M. Zerbst
• **IL TÈ VERDE**
Cod. 07966 - L. 22.000
In questo libro si spiegano le proprietà terapeutiche del tè verde e si riportano anche alcune ricette per cocktail, zuppe e altre specialità.

H.P. Bleuel
• **ACETO DI MELE**
Cod. 07974 - L. 19.000
L'aceto di mele è un rimedio casalingo che può essere utilizzato in vari modi. Scopriteli con questo libro.

B. de Belvefer, M. Gautrelet
• **LA PAPPA REALE**
Proprietà benefiche e applicazioni in dietetica e in medicina
Cod. 7016 - L. 12.000
Pregi, virtù e indicazioni pratiche utili a chi desideri sperimentare le qualità della pappa reale.

AROMATERAPIA E FITOTERAPIA

J. Howard, J. Ramsell
• **GUARIRE CON I FIORI DI BACH**
Guida pratica alla floriterapia
Cod. 9396 - L. 29.000
I 38 fiori che il famoso medico inglese utilizzò per il suo metodo di cura dolce e integrale.

Natura & Salute

E. Paolelli
• **LE QUALITÀ DELL'ANIMA**
Guida all'utilizzo attivo dei fiori di Bach attraverso l'uso dei colori e delle affermazioni positive
Cod. 07516 - L. 54.000
Si tratta di un cofanetto con 39 schede cromatiche e grafica diversa. Essi si riferiscono alle 39 qualità positive evocate dai singoli Elisir Floreali di Edward Bach.

S. Ball
• **FLORITERAPIA DI BACH**
Cod. 08288 - L. 29.000
Un corso completo sulla scelta e il corretto impiego dei Fiori di Bach.

H. Liebl
• **FIORI DI BACH - Prontuario Libro + CD-ROM**
Cod. 08075 - in preparazione
Il libro fornisce indicazioni sulle forme di utilizzo, i dosaggi, la scelta dell'essenza e dunque delle miscele corrette.

M. Castleman
• **LE ERBE CURATIVE**
Guida fondamentale alle proprietà terapeutiche dei farmaci naturali
Cod. 9159 - L. 59.000
100 erbe comuni, indicate per la terapia di numerosi disturbi; le piante che rafforzano il sistema immunitario e quelle più utili nella prevenzione delle malattie.

J. Lawless
• **ENCICLOPEDIA DEGLI OLI ESSENZIALI**
Cod. 9523 - L. 30.000
Pratico manuale che illustra come impiegare gli oli aromaterapeutici nel trattamento dei più frequenti disturbi e per migliorare la propria salute.

F. Wollner
• **INCENSO E BENESSERE SPIRITUALE**
Cod. 09225 - L. 23.000
Bruciare in modo rituale legni aromatici, erbe, resine ed essenze dalle piacevoli fragranze ha un effetto purificatore e terapeutico sul nostro organismo.

D. Ryman
• **MANUALE DI AROMATERAPIA**
Cod. 7393 - L. 25.000
Suggerimenti e consigli per sfruttare a scopo terapeutico le proprietà curative dei "profumi" delle piante.

Natura & Salute

M. Klus
• **AROMATERAPIA PER TUTTI I GIORNI - Gli oli essenziali per la salute, la bellezza e la casa**
Cod. 00694 - L. 19.000
Uso pratico degli oli essenziali nella vita quotidiana: dalla cosmesi al trattamento dei disturbi psico-fisici.

S. Fischer - Rizzi
• **PROFUMI CELESTIALI**
Uso delle essenze naturali e loro azione sul corpo e sulla mente
Cod. 01224 - L. 30.000
Ecco le nuove scoperte della scienza nel campo dell'aromaterapia.

A. Vigoni Marciani, M. Malatesta
• **MANUALE DI FITOTERAPIA PER I MENO GIOVANI**
Cod. 00120 - L. 25.000
Utili consigli per il mantenimento di una buona forma fisica con l'aiuto della fitoterapia.

P. Köhler
• **GINKGO - Elisir di lunga vita**
Cod. 07931 - L. 19.000
Questo agile manualetto contiene tutto ciò che è necessario sapere sulle applicazioni terapeutiche del Ginko, con pratiche indicazioni per chi volesse usarlo per curarsi da sé.

F. Firenzuoli
• **Le 100 erbe della salute**
Cod. 09772 - L. 35.000
100 erbe che oggi sono riconosciute in grado di poter curare o prevenire disturbi o specifiche malattie.

P. Chiereghin
• **LE PIANTE DA BERE**
Cod. 09322 - in preparazione
Questo testo spiega il modo corretto di fare una tisana.

S.J. Buslau, C. Hembd
• **IPERICO**
La natura contro la depressione
Cod. 09055 - L. 19.000
Impiegato come pianta medicinale, l'iperico è conosciuta per la sua azione contro le malattie dell'apparato digerente e contro i disturbi di origine nervosa.

K.J. Abrams
• **LE ALGHE PER LA SALUTE**
Proprietà terapeutiche e nutrizionali dell'alga Klamath
Cod. 07117 - L. 35.000

Natura & Salute

Questo libro presenta le nutrienti alghe verdazzurre come la fonte meno costosa di tutte le sostanze nutritive indispensabili.

O. Oasi Bertolini, A. Vigoni Marciani
- **ERBE MEDICINALI E ALIMENTAZIONE NATURALE PER CANI E GATTI**

Cod. 9248 - L. 21.000
Ecco un prontuario per il pronto soccorso, la prevenzione delle malattie e la cura dei nostri "amici a quattro zampe".

TERAPIE NATURALI

S. Sharamon, B.F. Baginski
- **LE VIRTÙ TERAPEUTICHE DEI SEMI DI POMPELMO**

Cod. 0648X - L. 27.000
L'estratto dai semi di pompelmo, di cui apparentemente non si conosceva l'esistenza, si è dimostrato in seguito a numerose ricerche sempre più "miracoloso".

S. Drury
- **L'OLIO DI TEA TREE**

Cod. 07133 - L. 26.000
Si tratta di un olio essenziale dalle proprietà antisettiche.

A. O'Dy
- **MESOTERAPIA**

Cod. 6974 - L. 20.000
Una tecnica terapeutica che interviene positivamente soprattutto in oftalmica, neurologia, ginecologia e stomatologia.

S. Flade
- **LE ALLERGIE**

Cod. 00791 - L. 25.000
Quadro clinico delle allergie e molteplici possibilità di cura offerte dalla biomedicina.

M. Colgan
- **PREVENIRE IL CANCRO OGGI**

Cod. 9493 - L. 25.000
Come minimizzare i rischi del cancro facendo attenzione all'alimentazione e all'ambiente di lavoro e rinunciando al fumo e all'eccesso di alcol.

L. Avagnina, G. Trapani
- **IL PIEDE DEL BAMBINO**

Cod. 01879 - L. 28.000
Questo libro vuole compiere un'opera di sensibilizzazione affinché i piedi vengano considerati ciò che realmente sono: un organo fondamentale di apprendimento.

Natura & Salute

G. Littlejohn
• **REUMATISMI**
Cod. 7903 - L. 23.000
Esauriente e di scorrevole lettura, questo libro offre un valido aiuto a chi è affetto da reumatismi.

Y. Chen
• **DIGITOPRESSIONE**
Cod. 6958 - L. 27.000
Guida al massaggio nei punti di agopuntura e nozioni basilari della medicina tradizionale cinese.

M. Monari
• **IO E IL TUO CORPO**
Cod. 01283 - L. 35.000
Una guida che tratta il "metodo Monari" , un metodo di lavoro effettuato sulla struttura muscolare affinché le rigidità che interrompono la comunicazione si ammorbidiscano.

H. Meyer, G. Sator
• **VIVERE MEGLIO CON IL FENG SHUI**
Cod. 05629 - L. 29.000
Questo libro offre molteplici suggerimenti per arredare la casa e gli ambienti professionali e spiega i fondamenti del Feng Shui, adattandoli al mondo occidentale.

D. Eden
• **MEDICINA ENERGETICA**
Cod. 08512 - in preparazione
Alcune tecniche innovative ed entusiasmanti, che consentono di agire sui sistemi energetici del nostro corpo per ottimizzare la vitalità fisica e l'acutezza mentale.

J. Allanach
• **IL COLORE CHE GUARISCE**
Cromopuntura: nuova medicina della luce
Cod. 09039 - L.30.000
La cromopuntura è la nuova medicina rivoluzionaria della luce, ideata e perfezionata da Peter Mandel, scienziato e guaritore.

P. Shen
• **IL MASSAGGIO CONTRO IL DOLORE**
Cod. 0293X - L. 29.000
Fondandosi sulla teoria secondo la quale il dolore dipende da un blocco o da un ristagno energetico all'interno dell'organismo, ecco una guida che vi aiuterà a ristabilire il normale flusso di energia.

Natura & Salute

A. Gillanders
• **RIFLESSOLOGIA**
Cod. 02220 - L. 29.000
Una guida di facile consultazione per imparare l'arte della riflessologia.

I.W. Lane, L. Comac
• **GLI SQUALI NON SI AMMALANO DI CANCRO**
Cod. 00996 - L. 27.000
Ecco la storia di una sorprendente ricerca: la cartilagine di squalo potrebbe forse rappresentare il passo decisivo verso la prevenzione e la sconfitta del cancro.

A. Mugnai
• **MIOPIA CHE FARE?**
Cod. 08520 - L. 24.000
Utili consigli per un nuovo modo di vivere questo difetto della vista.

E. Campanini
• **MENOPAUSA... MENO PAURA**
Cod. 10002 -L. 25.000
Questo libro nasce dalla collaborazione di un gruppo di donne, specialiste in diversi settori, con l'intento di dare indicazioni e consigli precisi sul trattamento della menopausa.

P.G. Besson
• **STO MALE, NON SO PERCHÉ**
Cod. 05718 - in preparazione
Fra le centinaia di specie batteriche che solitamente albergano nel nostro corpo, esiste un fungo microscopico detto"Candida albicans".

G. Ferraro
• **L'ARGILLA**
Cod. 03022 - L. 32.000
Il contenuto di questo libro è il frutto di una ricerca sulle origini terrestri e cosmiche dell'argilla, un rimedio polivalente, semplice da usare, facile da reperire, economico e alla portata di tutti.

V. Rosival
• **IL MAL DI TESTA**
Cod. 00813 - L. 25.000
Questo testo tratta in modo chiaro l'insorgere, lo sviluppo e il trattamento naturale del mal di testa e dell'emicrania.

V. Masci
• **L'OMEOPATIA PER TUTTI**
Cod. 03146 - L. 27.000
In questo libro viene presentata l'omeopatia in un modo "televisivo", cioè associando ad ogni concetto

scritto un'immagine che lo renda quindi molto più comprensibile.

F.P. Stay
• **LA SALUTE DEI DENTI**
Cod. 04320 - L. 34.000
Imparate i principi, sia teorici che pratici, con cui migliorare la salute dei vostri denti.

G. Jäger
• **I TEST DELLA SALUTE**
Cod. 0066X - L. 29.000
Test e consigli pratici che vi aiuterenno a migliorare il vostro stato di salute.

A. Horvilleur
• **GUIDA ALL'OMEOPATIA PER LA FAMIGLIA**
Cod. 7768 - L. 28.000
tascabile: Cod. 0192 5 - L. 14.000
Oltre 1000 voci in ordine alfabetico per affrontare con l'omeopatia i più comuni disturbi di adulti e bambini.

B. Snellgrove
• **AURA - La fotografia Kirlian**
Cod. 05742 - L. 23.000
L'aura serve a due scopi principali: creare uno schermo protettivo intorno a noi e fungere da stazione ricevente e trasmittente per i pensieri e le emozioni.

R. Mazzoli
• **I TAGLIANDI DELLA VITA**
Cod. 06102 - L. 37.000
Consigli utili per prevenire la vecchiaia, migliorando così lo stato di salute.

J. Ramsay
• **ALCHIMIA**
Cod. 07508 - L. 34.000
L'alchimia è conosciuta soprattutto come la scienza antica che si proponeva di trasformare i metalli in oro.

L. Guntert, D. Tinari
• **REIKI - Guarigione spirituale**
Cod. 03766 - L. 23.000
L'energia usata a scopo di guarigione che può portare benessere e armonia su tutti i piani dell'esistenza.

S. Lavery
• **DORMIRE BENE**
Cod. 04711 - L. 29.000
Ecco una guida completa per crearsi sane abitudini nel dormire e mantenerle nell'arco della propria esistenza.